习近平总书记说："提高国家文化软实力，要努力展示中华文化独特魅力。在5000多年文明发展进程中，中华民族创造了博大精深的灿烂文化，要使中华民族最基本的文化基因与当代文化相适应、与现代社会相协调，以人们喜闻乐见、具有广泛参与性的方式推广开来，把跨越时空、超越国度、富有永恒魅力、具有当代价值的文化精神弘扬起来，把继承传统优秀文化又弘扬时代精神、立足本国又面向世界的当代中国文化创新成果传播出去。"

为此，党和政府十分重视优秀的先进的文化建设，特别是随着经济的腾飞，提出了中华文化伟大复兴的号召。当然，要实现中华文化伟大复兴，首先要站在传统文化前沿，薪火相传，一脉相承，弘扬和发展5000多年来优秀的、光明的、先进的、科学的、文明的和自豪的文化，融合古今中外一切文化精华，构建具有中国特色的现代民族文化，向世界和未来展示中华民族具有独特魅力的文化风采。

中华文化就是中华民族及其祖先所创造的、为中华民族世世代代所继承发展的、具有鲜明民族特色而内涵博大精深的优良传统文化，历史十分悠久，流传非常广泛，在世界上拥有巨大的影响力，是世界上唯一绵延不绝而从没中断的古老文化，并始终充满了生机与活力。

浩浩历史长河，熊熊文明薪火，中华文化源远流长，滚滚黄河、滔滔长江是最直接的源头，这两大文化浪涛经过千百年冲刷洗礼和不断交流、融合以及沉淀，最终形成了求同存异、兼收并蓄的辉煌灿烂的中华文明。

中华文化曾是东方文化的摇篮，也是推动整个世界始终发展的动力。早在500年前，中华文化催生了欧洲文艺复兴运动和地理大发现。在200年前，中华文化推动了欧洲启蒙运动和现代思想。中国四大发明先后传到西方，对于促进西方工业社会形成和发展曾起到了重要作用。中国文化最具博大性和包容性，所以世界各国都已经掀起中国文化热。

中华文化的力量，已经深深熔铸到我们的生命力、创造力和凝聚力中，是我们民族的基因。中华民族的精神，也已深深根植于绵延数千年的优秀文化传统之中，是我们的精神家园。但是，当我们为中华文化而自豪时，也要正视其在近代衰微的历史。相对于5000年的灿烂文化来说，这仅仅是短暂的低潮，是喷薄前的力量积聚。

中国文化博大精深，是中华各族人民5000多年来创造、传承下来的物质文明和精神文明的总和，其内容包罗万象，浩若星汉，具有很强的文化纵深感，蕴含丰富的宝藏。传承和弘扬优秀民族文化传统，保护民族文化遗产，已经受到社会各界重视。这不但对中华民族复兴大业具有深远意义，而且对人类文化多样性保护也有重要贡献。

特别是我国经过伟大的改革开放，已经开始崛起与复兴。但文化是立国之根，大国崛起最终体现在文化的繁荣发展上。特别是当今我国走大国和平崛起之路的过程，必然也是我国文化实现伟大复兴的过程。随着中国文化的软实力增强，能够有力加快我们融入世界的步伐，推动我们为人类进步做出更大贡献。

为此，在有关部门和专家指导下，我们搜集、整理了大量古今资料和最新研究成果，特别编撰了本套图书。主要包括传统建筑艺术、千秋圣殿奇观、历来古景风采、古老历史遗产、昔日瑰宝工艺、绝美自然风景、丰富民俗文化、美好生活品质、国粹书画魅力、浩瀚经典宝库等，充分显示了中华民族厚重的文化底蕴和强大的民族凝聚力，具有极强的系统性、广博性和规模性。

本套图书全景展现，包罗万象；故事讲述，语言通俗；图文并茂，形象直观；古风古雅，格调温馨，具有很强的可读性、欣赏性和知识性，能够让广大读者全面触摸和感受中国文化的内涵与魅力，增强民族自尊心和文化自豪感，并能很好地继承和弘扬中国文化，创造未来中国特色的先进民族文化，引领中华民族走向伟大复兴，在未来世界的舞台上，在中华复兴的绚丽之梦里，展现出龙飞凤舞的独特魅力。

目录

蓬莱之岛——杭州湖心亭

城市山林——北京陶然亭

中华文化风采录

雅致的亭台

历来古景风采

陈 璞 编著

北方妇女儿童出版社
·长春·

图书在版编目(CIP)数据

雅致的亭台 / 陈璞编著. —长春 : 北方妇女儿童出版社，2017.4（2022.8重印）
（历来古景风采）
ISBN 978-7-5585-0934-6

Ⅰ. ①雅… Ⅱ. ①陈… Ⅲ. ①亭—介绍—中国 Ⅳ. ①K928.74

中国版本图书馆CIP数据核字(2017)第050794号

雅致的亭台
YAZHI DE TINGTAI

出 版 人	师晓晖
责任编辑	吴　桐
开　　本	700mm×1000mm　1/16
印　　张	6
字　　数	85千字
版　　次	2017年4月第1版
印　　次	2022年8月第3次印刷
印　　刷	永清县晔盛亚胶印有限公司
出　　版	北方妇女儿童出版社
发　　行	北方妇女儿童出版社
地　　址	长春市福祉大路5788号
电　　话	总编办：0431-81629600

定　　价　36.00元

绍兴兰亭

书法圣地

兰亭是东晋著名书法家王羲之的寄居处，位于浙江绍兴西南的兰渚山下。

兰亭这一带崇山峻岭，茂林修竹，清流激湍，映带左右，是山阴路上的风景佳丽之处。

相传春秋时越王勾践曾在此植兰花，汉代时设驿亭，故名“兰亭”。

353年，东晋大书法家王羲之邀请了42位文人雅士在兰亭举行了曲水流觞的盛会，并写下了被誉为“天下第一行书”的《兰亭集序》，王羲之被尊为“书圣”，兰亭也因此成为书法圣地。

饮酒赋诗的兰亭集会

《兰亭集序》碑文

春秋时期，浙江绍兴兰渚山下有一条小溪，当时的越王勾践，为了麻痹吴王夫差相信他不再企图复国，他便屈身在这条小溪旁，开垦滩地种植兰花。

勾践的兰花种得很不错，兰花一开使得小溪两边花香飘飘，人们于是就叫这条小河为兰溪。后来，有人在兰溪边修了一座亭子，并取名叫兰亭。后来兰亭成了东晋大书法家王羲之的寄居处。

魏晋时，每年农历的三月初三，人们都要到水边嬉游，并且雅致地称其为“上巳修禊”。这一

■绍兴兰亭风景

天，人们聚集水边举行祭祀仪式，用水洗涤污垢灾晦，以求祛除不祥。这个风俗起自汉代，到了晋朝以后逐渐演变成文人墨客踏青游春、饮酒赋诗的游戏了。

353年，在会稽当太守的王羲之邀请朝廷官员谢安、谢万、孙绰等及其亲友41人，来到兰亭集会。

这天，王羲之一行在兰溪岸边，尽情地享受着惠风和畅的自然风光。一行人乘着雅兴，聚集在兰亭下的兰溪旁，目睹秀水青山，耳闻微澜轻风。他们围坐在弯弯曲曲的兰溪之畔，将盛有酒的觞置于水中，任其顺水漂流，酒杯漂到谁的面前，谁便要饮酒赋诗，作不出诗者罚酒三杯，以此为娱乐。

这样的活动被大家赋予了一个美丽的名字——“曲水流觞”。后来，为了纪念“曲水流觞”这一活动而专门在兰亭旁修建了流觞亭。

酒杯被放入流水之中，第一个在名士曹华的面前

修禊 源于古老的巫医传统，是我国古代的一种祭祀民俗，为的是驱除不祥，祈求大自然风调雨顺，不祥污秽之物事远离百姓，保证百姓的安康生活。后来演变成我国古代诗人雅聚的经典范式，其中以发生在东晋会稽山阴的兰亭修禊和清代扬州的虹桥修禊最为著名。

兰亭内的石桥

停下了。曹华看着面前的酒杯，哈哈一笑，吟道：

愿与达人游，解结遨濠梁。
狂吟任所适，浪流无何乡。

曹华吟完后，顺手将酒杯向前一推，酒杯向不远处的名士曹茂之漂去。曹茂之看到酒杯向自己漂来，抬头看看朋友，抖抖衣袖吟道：

时来谁不怀，寄散山林间。
尚想方外宾，迢迢有余闲。

曹茂之吟完之后，笑着向周围人问道："可过否？"

"可过，可过。"在一片称赞声中，曹茂之将酒杯向水流中央推去。酒杯在水流的推动下，晃晃悠悠漂动着，来到了华茂与恒伟两位名士之间。华茂轻轻抖动手中短剑，将酒杯引到自己面前，对着恒伟充满歉意地说道：“恒兄，小弟先来了。”随即吟道：

林荣其郁，浪激其隈。
泛泛轻觞，载欣载怀。

说完之后，华茂收回短剑，酒杯顺着水流漂到恒伟面前，华茂看向恒伟，说：“恒兄，酒尚温。”

恒伟哈哈大笑，开口道：“华兄，恐怕要让你失望了，听我的。”吟道：

主人虽无怀，应物贵有尚。
宣尼邀沂津，萧然心神王。
数子各言志，曾生发清唱。
今我欣斯游，愠情亦暂畅。

恒伟与华茂两人不远处，坐着另外一位才子，名叫孙绰。孙绰不甘落后，对两人说道：“且将觞交予小弟。”

兰亭美景

兰亭古镇里的映月桥

酒杯在流水中被恒伟轻轻一拨，漂到孙绰面前。孙绰不等酒杯临近，看着王献之，口中吟道：

流风拂枉渚，停云荫九皋。
莺语吟修竹，游鳞戏澜涛。
携笔落云藻，微言剖纤毫。
时珍岂不甘，忘味在闻韶。

王献之（344-386年），字子敬，小字官奴。曾官至吴兴太守，中书令，世称“王大令”。与其父并称“二王”，羲之称“大王”，献之称“小王”。书法众体皆精，尤以行草著名，敢于创新，不为其父所囿，为魏晋以来的今楷、今草做出了卓越贡献，被誉为“小圣”。

转瞬之间，酒杯划过孙绰面前，向王献之而去。王献之是王羲之的第七个儿子，此时年仅10岁，他看着忽忽悠悠漂过来的酒杯，心情变得慌乱起来，绞尽脑汁也无法作出诗词来。王献之在众人的笑声中抬头看着父亲，他发现父亲脸上也带着微笑。

王献之红着脸在众人的笑声中，被满满地罚酒三大杯。喝完之后，游戏重新开始。由王献之重新开局，酒杯再一次进入流水之中，缓缓向下游流去。

王家子弟纷纷献诗助兴，引得众人一阵羡慕，赞叹“琅琊王家”真是人才辈出。

酒杯漂出王家子弟范围，来到名士魏滂面前。魏滂看着酒杯刚刚漂过的地方，伸手将身边的酒杯端起，满饮一杯后，抬头仰天吟道：

三春陶和气，万物齐一欢。
明后欣时丰，驾言映清澜。
亹亹德音畅，萧萧遗世难。
望岩愧脱屣，临川谢揭竿。

酒杯尚未离开，魏滂身边的郗昙也满饮一杯，开口吟道：

温风起东谷，和气振柔条。
端坐兴远想，薄言游近郊。

兰亭内的王羲之显彰碑

■绍兴兰亭风光

此时，一位温文儒雅的男子手指两个犯规的同伴，嬉笑道："汝二人，犯规。罚汝等今日不可饮酒。" 在众人大笑中，酒杯流到此人面前。郗昙看向此人，说道："谢安石可是有绝句。请讲便罢，何必打趣我等二人？"

谢安石就是东晋宰相谢安。谢安听到郗昙的话后，开口吟道：

相与欣佳节，率尔同褰裳。
薄云罗阳景，微风翼轻航。
醇醪陶丹府，兀若游羲唐。
万殊混一理，安复觉彭殇。

接着，谢万、谢绎、徐丰之、虞说、庾友、庾蕴、袁峤之等名士也纷纷吟了诗，最后，大家把目光同时聚集在王羲之的身上，纷纷说道："逸少 ，今日诗赋尚缺一序，不如由你来作，如何？"

谢安（320~385），字安石，生于陈郡阳夏，即今河南太康。东晋政治家、军事家，官至宰相。他成功挫败桓温篡位，并且作为东晋一方的总指挥面对前秦的侵略，在淝水之战以八万兵力打败了号称百万的前秦军队，致使前秦一蹶不振，为东晋赢得几十年的安静和平。

王羲之端起身边酒杯，满饮三杯，而后站起身来，他在溪水旁边感受着河面上微风的吹拂，感觉到心中一阵激动，于是铺好纸张，提笔疾书，作了一序。

代谢鳞次，忽焉以周。欣此暮春，和气载柔。咏彼舞雩，异世同流。乃携齐契，散怀一丘。悠悠大象运，轮转无停际。陶化非吾因，去来非吾制。宗统竟安在，即顺理自泰。有心未能悟，适足缠利害。未若任所遇，逍遥良辰会。三春启群品，寄畅在所因。仰望碧天际，俯瞰绿水滨。寥朗无涯观，寓目理自陈。大矣造化功，万殊靡不均。群籁虽参差，适我无非新。猗与二三子，莫匪齐所托。造真探玄根，涉世若过客。前识非所期，虚室是我宅，远想千载外。何必谢曩昔，相与无相与。形骸自脱落，鉴明去尘垢。止则鄙吝生，体之固未易。三觞解天刑，方寸无停主，矜伐将自平。虽无丝与竹，玄泉有清声。虽无啸与歌，咏言有余馨。取乐在一朝，寄之齐千龄。合散固其常，修短定无始。造新不暂

兰亭内的御碑亭

■ 绍兴兰亭里的墨华亭

停，一往不再起。于今为神奇，信宿同尘滓。谁能无此慨，散之在推理。言立同不朽，河清非所俟。

后来，王羲之将即兴之作加以整理修饰、润色，完整地记述了聚会的盛况，也就是被后来唐代书法家褚遂良评为“天下第一行书”的王羲之书法代表作《兰亭集序》。

《兰亭集序》记述了他与当朝众多达官显贵、文人墨客雅集兰亭、上巳修禊的壮观景象，抒发了他对人之生死、修短随化的感叹。

崇山峻岭之下，茂林修竹之边，乘带酒意，挥毫泼墨，为众人诗赋草成序文，文章清新优美，书法遒健飘逸，被历代书法界奉为极品。

宋代书法大家米芾称其为“中国行书第一帖”。王羲之被尊为“书圣”，兰亭也因此成为书法圣地。

行书 汉字字体的一种。是在楷书的基础上发展起源的，介于楷书、草书之间的一种字体，是为了弥补楷书的书写速度太慢和草书的难于辨认而产生的。“行”是“行走”的意思，因此它不像草书那样潦草，也不像楷书那样端正。

可以说，兰亭之所以这么有名，也是跟《兰亭集序》分不开的。

绍兴兰亭“鹅池”碑

王羲之被人们誉为“书圣”。他7岁开始学习书法，每天坐在池子边练字，送走黄昏，迎来黎明，不知用完了多少墨水，写烂了多少笔头。每天练完字他就在兰亭旁的池水中洗笔，天长日久竟将一池水都洗成了墨色，这就是后来传说中的墨池。

王羲之爱鹅，因此，他在兰亭池边建了一座三角形的碑亭，碑亭旁立石碑一块，刻有“鹅池”二字。提起这块石碑，还有一个传说呢。

有一天，王羲之正在写“鹅池”二字。刚写完“鹅”字时，忽然有大臣拿着圣旨来到。王羲之只好停下来出去接旨。

在一旁看到父亲写字的王献之，看见父亲只写了一个“鹅”字，就顺手提笔一挥，接着写了一个“池”字。两个字是如此相似，如此和谐，一碑二字，父子合璧，成了千古佳话。

阅读链接

关于《兰亭集序》的下落还有另外一个说法。

在乾陵一带的民间传闻中，有《兰亭集序》早已经陪葬武则天一说。

因为据史书记载，《兰亭集序》在唐太宗遗诏里说是要枕在他脑袋下边。那就是说，这件宝贝应该在昭陵，也就是唐太宗的陵墓里。可是，五代耀州刺史温韬把昭陵盗了，在他写的出土宝物清单上，却并没有《兰亭集序》，从而人们推测《兰亭集序》藏在乾陵，也就是武则天的陵墓里面。

唯美意境的兰亭建筑

兰亭因为东晋大书法家王羲之在此邀友雅集修禊而传名，享誉中外，其原址也因为自然灾害或周边建设问题而几经兴废变迁。

399年，会稽内史王羲之的次子王凝之把兰渚山下的兰亭移到了鉴湖中。他也曾经参加了父亲王羲之主持的兰亭聚会。

绍兴兰亭碑亭

405年，东晋司空何无忌任会稽内史，把兰亭建到了会稽山巅上。

唐代，太宗崇王，诗人文士，慕名书圣，往访兰亭，使古址焕发生机。兰亭迎来了它又一个辉煌时代。

兰亭雅集中的即席赋诗，在王羲之举办时采用的是自由式，吟什么、怎么吟全由吟诗者自己决定。后来，大部分兰亭雅集延续了这一做法。

绍兴兰亭碑亭

但769年，唐代文士鲍防、严维、吕渭等35人聚会兰亭，则采用联句式，即每人吟诗一句，再由首唱者收结的做法赋诗，并传为佳话。

到了宋代，由于朝廷重视，在兰亭旧址附近先后修建了临池亭、王右军祠、王逸少书堂等建筑，使书法圣地更趋热闹。

1036年，越州加州堂大兰亭举行了修禊盛会，凭吊了书圣。北宋后期，兰亭又从会稽山北迁至会稽山中的天章寺。元代，在兰亭修禊处开办了兰亭书院。1548年，绍兴知府沈启将兰亭从天章寺内移于石壁山下，重新修建了兰亭、墨池和鹅池。后又经过清代的重修，始具后来人们所见到的规模。

1661–1722年，就在兰亭内增建了兰亭碑亭、御碑亭、临池十八缸、王右军祠等建筑。

自入口步入兰亭，穿过一条修篁夹道的石砌小径，迎面是一泓碧水，即为鹅池。鹅池池水清碧，数只白鹅嬉戏水面，池左旁是一座式样特别的石质三角

司空 古代官名。西周始置，位次三公，与六卿相当，与司马、司寇、司士、司徒并称“五官”，掌水利、营建之事，金文皆做司工。春秋战国时期沿置。汉代本无此官，成帝时改御史大夫为大司空，但职掌与周代的司空不同。

绍兴兰亭内的流觞亭

形鹅池碑亭。旁边的“鹅池”石碑的石头采自东湖，碑高1.93米，宽0.86米，厚0.28米。

兰亭里面的流觞亭面阔3间，4面有围廊，上有匾额“流觞亭”，这3个大字是清代江夏太守李树堂题的，旁边对联：

此地似曾游，想当年列坐流觞未尝无我；
仙缘难逆料，问异日重来修禊能否逢君？

流觞亭内陈列着有《兰亭修葺图》和《曲水流觞图》。亭背面还另悬由后来清代湘潭人杨恩澍所书的当年参加雅集盛事之一的一代文宗孙绰所作的《兰亭后序》全文。流觞亭前是一条“之”字形的曲水，中间有一块木化石，上面刻着“曲水流觞”4个字。

跨过鹅池上的三折石板桥，步入卵石铺成的竹荫

太守 原为战国时代郡守的尊称。西汉景帝时，郡守改称为太守，是一郡最高行政长官。历代沿置不改。到了南北朝时，新增州渐多。郡之辖境相对缩小，郡守的权被州刺史所夺，州郡区别不大，至隋初遂存州废郡，以州刺史代郡守之任。此后太守不再是正式官名，仅用作刺史或知府的别称。明清则专称知府。

小径，迎面是兰亭碑亭。兰亭碑亭是兰亭的标志性建筑，被人们称为“小兰亭”。始建于1695年，亭呈四方形，背面临水。面积约27平方米，砖石结构，为单檐歇山顶建筑，显得古朴典雅。

碑上的“兰亭”2字，为康熙皇帝御笔所书。后来被人砸成4块，修复后，人们都喜欢用手去摸这通残碑，碑已被摸得非常光滑，所以又称“君民碑”。

小兰亭西侧为“乐池”，临池有一草亭，称“俯仰亭”。池中有竹排、小舟，池西有茶室供人休憩。

流觞亭北方有可视为兰亭中心之幽美的八角形“御碑亭”，建在高一层的石台上。亭中立一巨碑，正面刻有康熙临摹的《兰亭集序》全文，背面刻有乾隆帝亲笔诗文——《兰亭即事》七律诗。亭后有稍微高起的山冈，借景十分优美。祖孙两代皇帝同书一碑，所以又称“祖孙碑”。

歇山顶 歇山式屋顶，宋朝称九脊殿、曹殿或厦两头造，清朝改今称，又名九脊顶。为我国古建筑屋顶样式之一，在规格上仅次于庑殿顶。歇山顶共有9条屋脊，即1条正脊、4条垂脊和4条戗脊，因此又称九脊顶。由于其正脊两端到屋檐处中间折断了一次，分为垂脊和戗脊，好像“歇”了一歇，故名歇山顶。

绍兴兰亭内的俯仰亭

祠堂 又称"宗祠"，是供奉祖先神主，进行祭祀的场所，被视为宗族的象征。宗庙制度产生于周代。后来宋代朱熹提倡建立家族祠堂。清代，祠堂已遍及全国城乡各个家族，祠堂是族权与神权交织的中心。

临池十八缸是由十八缸、习字坪、太字碑组成。这是根据"王献之十八缸临池学书，王羲之点大成太"这一典故而来。

相传王献之练了3缸水后就不想练了，认为已经写得很不错便有些骄傲。

有一次他写了一些字拿去给父亲看，王羲之看后觉得写得还不好，特别是其中的一个"大"字，上紧下松，一撇一捺结构太松。于是随手点了一点，变成了"太"字，说："拿给你母亲去看吧！"

王羲之夫人看了后，说："吾儿练了3缸水，唯有一点像羲之。"

王献之听后非常惭愧，知道自己与父亲的差距，于是刻苦练习书法，练完了18缸水，长大后也成为著名的书法家，与王羲之并称"二王"。

■ 绍兴兰亭内的御碑亭

清代增建的临池十八缸

流觞亭左边是王右军祠，是纪念王羲之的祠堂。王羲之当时任右将军、会稽内史，因此人们常称他为“王右军”。

王右军祠始建于1698年，总面积756平方米，飞檐回廊，古朴深沉。祠大门上端悬挂“王右军祠”木质匾额。最尽处是一大厅，中柱、边柱分别有联。步入大厅，上悬一“尽得风流”木匾。画像旁是沙孟海先生撰写的对联，写道：

毕生寄迹在山水，
列坐放言无古今。

大厅内左、右两旁各置两块木质阴雕挂屏，内容为康熙皇帝所临《兰亭集序》。

1751年，乾隆皇帝还亲临兰亭，挥毫赋诗，使兰

挂屏 是贴在有框的木板上或镶嵌在镜框里供悬挂用的屏条。清初出现挂屏，多代替画轴悬挂在墙壁上，成为纯装饰性的品类。它一般成对或成套使用，如四扇一组称四扇屏、八扇一组称八扇屏，也有中间挂一中堂，两边各挂一扇对联的。这种陈设形式，雍、乾两朝更是风行一时，在宫廷中，皇帝和后妃们的寝宫内，几乎处处可见。

王右军祠内景

亭受到我国古代最高的礼赞。

后来，人们在王右军祠内建了一座“墨华亭”。

兰亭本身就是非常宝贵的园林杰作，而且又是历史文化内涵非常丰富的地方。兰亭处处成景，处处幽雅，成为我国四大名亭之一。

只可惜在后来一次自然灾害中，兰亭内很多建筑被毁，但在国家有关部门组织力量对兰亭进行修复后，书法圣地得现往日风姿。

又一次修复后的兰亭，融秀美的山水风光、雅致的园林景观、独享的书坛盛名、丰厚的历史文化积淀于一体，以“景幽、事雅、文妙、书绝”四大特色而享誉海内外，是我国一处重要的名胜古迹，名列我国四大名亭之一。

阅读链接

兰亭之所以那么有名，和王羲之的《兰亭集序》是分不开的。《兰亭集序》具有极高的艺术价值，这不仅体现在它精妙绝伦的笔墨技巧和章法布白的完整性上，而且体现在与作者融为一体的文化与情感表达的深刻性上。

《兰亭集序》具备了书法作为艺术作品，从书家与书作、内容和形式的全部因素。在魏晋时期玄学和士人清议、品藻人物以及两汉时期儒家经学崩溃的思想文化背景下，作为“天下第一行书”的《兰亭集序》，彻底摆脱了几千年书法附庸于文字、服务于装饰的伪艺术地位，从而成为表现人格个性、诗意情怀以及人文价值选择的经典之作。

济南历下亭

历下亭巍立于山东济南大明湖中最大的湖中岛上，岛面积约4160平方米，整个岛上绿柳环合，花木扶疏，亭台轩廊错落有致，修竹芳卉点缀其间，为古时历城八景之一。

历下亭原名“客亭”，原位于济南五龙潭处，至唐代迁至大明湖，因其南临历山，即千佛山，故名“历下亭”，也称“古历亭”。后来，历下亭因唐代诗人杜甫登临而名扬天下，成为济南名亭之一，为名闻遐迩的海右古亭。

因诗而扬名的历下亭

在北魏时期，在山东济南五龙潭处有一亭，称“客亭”，是官府为接迎宾客而建造的。后来，在745年，齐州司马李之芳将历下亭迁至大明湖水域，改名“历下亭”。

恰恰这时，在齐鲁漫游的杜甫从兖州、泰山一带北上来到了济南。杜甫来到济南，立刻成了李之芳的嘉宾。

大明湖上的历下亭

济南历下亭大门

杜甫来到济南的消息不胫而走，很快传至北海，即后来的山东益都。时任北海太守的李邕坐不住了，连日赶往济南与杜甫会面。

李邕到达济南后，立时在历下亭设摆宴席，宴请了杜甫和李之芳。当时李邕68岁，早已名满天下。而杜甫此时只是个33岁的后生。

李邕、杜甫、李之芳在座，可能还有许多齐州的知名人士出来作陪。李邕与杜甫把酒长谈，论诗论史，也谈及了杜甫的祖父杜审言，这让杜甫十分感激。在这次欢宴中，杜甫即席赋《陪李北海宴历下亭》诗一首：

东藩驻皂盖，北渚凌清河。
海右此亭古，济南名士多。

司马 古代官名。殷商时期始置，与司徒、司空、司士、司寇并称为“五官”，主掌军政和军赋，春秋、战国沿置。汉武帝时置大司马，作为大将军的加号，后亦加于骠骑将军，后汉单独设置，皆开府。隋唐以后为兵部尚书的别称。

鲍叔牙（约前723～前644），也称“鲍叔”“鲍子”。春秋时期齐国大夫，自青年时即与管仲交，知管仲贤。公子小白继承君位之后，管仲被囚车运送回国。鲍叔牙推荐管仲当上了宰相，被时人誉为“管鲍之交”“鲍子遗风”。

云山已发兴，玉佩仍当歌。
修竹不受暑，交流空涌波。
蕴真惬所遇，落日将如何。
贵贱俱物役，从公难重过。

诗中第一句叙述李邕驻临济南，设宴历下亭，第二句说明了历下亭古老历史。当时方位以西为右，以东为左，济南在大海之西，故称“海右”。

因济南有过鲍叔牙、邹衍、伏生、房玄龄等大批历史名人，又因当时在场的有济南士绅蹇处士等人，因此称赞名士多。

而接下来诗句描述的是亭内外景物和宴饮的情趣，以及对日落将席散，盛情难在的感慨。李杜宴饮赋诗历下亭使这海右古亭从此声名远扬，而“海右此亭古，济南名士多”一联，千百年来更成了济南的骄

■ 济南大明湖南门牌坊

■历下亭建筑群

傲。清代文人龚易图曾撰有一则名联：

李北海亦豪哉，杯酒相邀，顿教历下此亭，千古入诗人歌咏；

杜少陵已往矣，湖山如旧，试问济南过客，有谁继名士风流？

此联可以形容李邕、杜甫等人那次历下亭雅集的诗风流韵。

至唐代末期，历下亭逐渐废圮。北宋时期又重建历下亭，重建的历下亭位置在大明湖南岸州衙宅后。

之后历下亭又几经兴废变迁，在明代末期，历下亭完全被毁了。但是从杜甫登临历下亭的那一刻起，历下亭已由单纯的亭子变成了一个意蕴丰富的文化符号，这也是历代文人如此看重历下亭的原因。

明代末期济南诗人刘敕《历下亭》写道："不见

邹衍 战国时期阴阳家学派创始者与代表人物，战国末期齐国人。主要学说是"五德终始说"和"大九州说"，又是稷下学宫著名学者，因他"尽言天事"，当时人们称他"谈天衍"，又称"邹子"。

喻成龙 汉军正蓝旗，奉天人。曾任安徽建德县知县，历池州府知府、江西临江府知府、山东按察使、布政使，太常寺卿、大理寺卿和刑部右侍郎。著有《塞上集》《九华山志》12卷、《西江草》1卷。

此亭当日古，却逢名士一时多。”概括出其间的深意。同样的明代诗人张鹤鸣在诗中也写道：“海内名亭都不见，令人却忆少陵诗。”

这两首诗都显示出，历下亭虽然已经毁坏，但文人学士追忆昔日盛宴，遥想李、杜诗酒酬答，心中仍有难以泯灭的情结。

至1693年，山东盐运使李光祖和山东按察使喻成龙在大明湖中岛上重建历下亭。重建历下亭的工程刚刚竣工，清代著名小说家蒲松龄应山东按察使喻成龙的邀请来济南做客。

在喻成龙的盛情约请之下，蒲松龄作了《重建古历亭》一诗，诗中借古喻今，追忆了盛唐时期李邕、杜甫的历下亭盛会，表达了他对重建历下新亭的感慨。诗写道：

蒲松龄故居里的雕像

大明湖湖心岛上历下亭碑刻

大明湖上一徘徊，两岸垂杨荫绿苔。
大雅不随芳草没，新亭仍傍碧柳开。
雨余水涨双堤远，风起荷香四面来。
遥羡当年贤太守，少陵佳宴得追陪。

至1694年，喻成龙授命任安徽巡抚，离开济南时，蒲松龄又作了《古历亭》诗相赠。蒲松龄抚今追昔，借用“白雪清风”和“青莲旧谱”之典故，对诗坛的振兴寄予了热切的厚望：

历亭湖水绕高城，胜地新开爽气生。
晓岸烟消孤殿出，夕阳霞照远波明。
谁知白雪清风渺，犹待青莲旧谱兴。
万事盛衰俱前数，百年佳迹两迁更。

蒲松龄（1640～1715），字留仙，一字剑臣，别号柳泉居士，世称聊斋先生，自称异史氏。生于山东省淄博市淄川区洪山镇蒲家庄。他创作的文言文短篇小说集《聊斋志异》，被世人称为“孤愤之书”，郭沫若评价说：“写鬼写妖高人一等，刺贪刺虐入骨三分。”有人称蒲松龄是“世界短篇小说之王”。

赋 由楚辞衍化而来，是以“铺采摛文，体物写志”为手段，以“颂美”和“讽喻”为目的的一种有韵文体。它多用铺陈叙事的手法，赋必须押韵，这是赋区别于其他文体的一个主要特征。赋起于战国，盛于两汉。

新建的历下亭使蒲松龄振奋不已，赋诗言犹未尽，于是又以他那如椽的大笔洋洋洒洒写了千余言的长赋《古历亭赋》。该赋开篇一段写道：

任轩四望，俯瞰长渠；顺水一航，直通高殿。笼笼树色，近环薜荔之墙；泛泛溪津，遥接芙蓉之苑。入眶清冷，狎鸥与野鹭兼飞；聒耳咴嘈，禽语共蝉声相乱。金梭织绵，唼呷蒲藻之乡；桂揖张筵，客与芦荻之岸。蒹葭挹露，翠生波而将流；荷芰连天，香随风而不断。蝶迷春草，疑谢氏之池塘；竹荫花斋，类王家之庭院。

在这篇长赋中，蒲松龄对重建后的历下亭景色和

■大明湖竹韵桥

大明湖湖心岛

亭上观赏到的湖中美景做了逼真描绘，并追忆了历下亭“再衰再盛”的历史，赞颂喻成龙、李兴祖修复历下亭，重现了往日辉煌。

历下亭名声越来越广，后来乾隆皇帝下江南的时候，也来到了历下亭。

据说，济南最有名的历下亭酒还跟乾隆皇帝来历下亭有着千丝万缕的关系。

传说，济南很早就有酿酒历史，因为济南泉水好，所以酿的酒也十分香甜，可惜济南的佳酿一直也没个响亮的名字。

有一次，清代乾隆皇帝下江南，途经济南，在历下亭休息，济南府的大小官员都去觐见，并奉上没有命名的济南佳酿。

皇帝饮后龙颜大悦，连声说：“好酒好酒，赛过皇家御品！”

乾隆皇帝询问官员：“如此佳酿，叫何名字？”

众人不敢对答，因为这种酒还没有名字，可是大

江南 历史上江南是一个文教发达、美丽富庶的地区，它反映了古代人民对美好生活的向往，是人们心目中的世外桃源。从古至今，“江南”一直是个不断变化、富有伸缩性的地域概念。江南，意为长江之南面。在古代，江南往往代表着繁荣发达的文化教育和美丽富庶的水乡景象，区域大致为长江中下游南岸的地区。

家既不敢告诉皇上这酒没名字，也不好胡乱编造名字糊弄皇上。于是一官员回禀："万岁，还请万岁给此酒赐名。"

于是，太监们备好笔墨，乾隆皇帝看亭题字，御笔亲题"历下亭"3个大字，从此这个酒便名为"历下亭"了，并且有诗为证：

飘香四溢泉城水，
皇家御品历下亭。

从此以后，历下亭便更是名扬天下了。关于乾隆皇帝游历下亭还有一个传说。

据说，当时历下亭周围景致非常美丽，湖中遍是荷花、芦苇，在这湖心小岛上品茗小憩，欣赏湖光水色有一种悠闲四溢的感觉。每到夏季，青蛙的鸣叫声不绝于耳，但是后来所有的青蛙都不叫了。

传说是因为当年乾隆来到岛上，听到青蛙的鸣叫声，心里特别烦躁，遂下圣旨让青蛙停止鸣叫，岛上青蛙似乎也畏惧龙言，从那以后再也不敢放肆鸣叫了。

阅读链接

据历史记载，在历下亭，李邕和杜甫还曾评论诗文，从"初唐四杰"谈至"文章四有"。

李邕佩服杨炯的诗文写得雄壮，不满意李峤的辞藻华美，称赞杜甫祖父杜审言的《和李大夫嗣真奉使存抚河东》声律和谐，气势不凡，是一首杰作。

对杜甫的才学和理想给予了赞誉，并大加鼓励。而杜甫对李邕的多才和耿直非常敬佩，两人通过交流，友情更加深厚。因此他两人的事迹也在历下亭传为佳话。

古韵犹存的名亭建筑

随着时间的推移，历下亭也渐渐破败了，至1859年，云南布政使陈弼夫、云南藩司陈景亮和清代书法家何绍基一同再次重修了历下亭，这便是存留下来的历下亭了。

存留下来的历下亭位于大明湖中岛屿的中央，八柱矗立，红柱青

历下亭景致

吻兽 又名鸱尾、鸱吻，一般被认为是龙生九子中的之一，平生好吞，即殿脊的兽头之形。在我国古代建筑中，“五脊六兽”只有官家才能拥有。泥土烧制而成的小兽，被请到皇宫、庙宇和达官贵族的屋顶上。由于它喜欢东张西望，经常被安排在建筑物的屋脊上，作张口吞脊状，并有一剑以固定之。

瓦，斗拱承托，八角重檐，檐角飞翘，攒尖宝顶，亭脊饰有吻兽。亭身通透，亭下四周有木制坐栏，亭内有石雕莲花桌凳，以供游人休憩，二层檐下悬挂清代乾隆皇帝所书匾额“历下亭”红底金字。

亭西有厅堂面阔3间，绕以回廊，红柱青瓦，四面出厦，飞檐翘角。轩西为宽阔的湖面，若值晴空万里，则天蓝蓝，水蓝蓝，湖天一色，莹如碧玉，故名“蔚蓝轩”。

亭北有大厅五间，硬山出厦，花雕扇扉，称“名士轩”。名士轩是历代文人雅士宴集之地。“名士轩”3字匾额为清代末期书法家朱庆元书，轩前有楹联，写道：

杨柳春风万方极乐，
芙蕖秋月一片大明。

大明湖历下亭西侧的蔚蓝轩

■ 大明湖历下亭北侧的名士轩

名士轩坐北朝南，5间房屋大小，屋顶匾额上的“名士轩”几个字颇有讲究，仔细看来，“名”和“士”两字分别多了一两点。

这并不是笔误，而是1911年春朱庆元书写的时候故意为之，他是把美好的祝愿通过诙谐的书法表现出来，寓意是希望济南的名士多一点、再多一点。

轩内西壁嵌唐代天宝年间北海太守、大书法家李邕和大诗人杜甫的线描石刻画像，及自秦汉时期至清代末期祖籍济南的15位名士的石刻画像。

东壁嵌有清代诗人、书法家何绍基题写的《历下亭》诗碑，记述了他的好友陈弼夫重修历下亭的经过和他在山东看到的灾荒景况。

历下亭之南是大门，大门两侧是东西长廊。长廊东端是“临湖阁”，北墙嵌有1859年陈弼夫撰、何绍基书的《重修历下亭记》石碣。

何绍基（1799年～1873年），清代晚期诗人、画家、书法家。通经史。他的书法初学颜真卿，又融汉魏而自成一家，尤长草书。有《惜道味斋经说》《东洲草堂诗·文钞》《说文段注驳正》等留世。

长廊西端是“藕香品茗厅”，面阔3间，飞檐出厦。大门楹联是杜甫诗句：

海右此亭古，
济南名士多。

此联为何绍基手书，何绍基是清代著名的书法家，名人诗句、名人书法，荟萃成联，与历下古亭相得益彰，平添明湖俊色。关于何绍基手书这副对联，还有一个故事。

据说何绍基晚年，已是才名卓著，并且他为人谦逊，只一点不好，就是嗜酒，谁知就因这嗜酒，招致难堪。

那天傍晚，何绍基与好友汇聚大明湖，一番游览，遂至历下亭欢宴。当时秋风轻拂，四面莲荷映月，说不尽的诗情画意。

佳境美酒，众人畅饮，何绍基不久就醉了，酒多失态，竟放言：“当今之世，若问诗家、书家，舍我其谁？”

大明湖荷香茶社

大明湖内的茶亭

好友们见何绍基醉了，便应道："何公文采飞扬，世人皆知，可谓不见古人。"

何绍基闻听大喜，起身离席，逐人而揖："承夸，承夸……"

谁知平白踩空，跌了个跟头，众人慌忙扶起何绍基，却见他腿不能立，显然伤得不轻。

何绍基回府后，逐渐清醒，从随从口中得知自己酒后失言，真是惭愧万分，又因腿痛难忍，到了夜半方才睡着。在睡梦中，何绍基见到一个仕子，头戴纶巾，自称杜甫，笑道："痛乎？"

接着又问："既见古人乎？"

何绍基大惊，猛然醒来，发现天已经亮了。他试着起身，竟然发现腿痛已经好了，好像不曾受伤一样。这时他又想起了昨夜的梦，大是诧异，暗想："昨日一跌，想是诗圣怪而警之。酒后失态，轻狂起祸，实乃自取其丑。"

纶巾 冠名。古代用青色丝带做的头巾。一说配有青色丝带的头巾。相传为三国时诸葛亮所创，又称"诸葛巾"。后被视作儒将的装束。明代王圻代《三才图会·衣服·诸葛巾》记载：诸葛巾，此名纶巾，诸葛武侯尝服纶巾，执羽扇，指挥军事，正此巾也。因其人而名之。

石碑 把功绩刻于石上，以传后世的一种石刻。一般以文字为其主要部分，上有螭首，下有龟趺。大约在周代，碑便在宫廷和宗庙中出现，但此时的碑与后来的碑功能不同。此时宫廷中的碑是用来根据它在阳光中投下的影子位置变化推算时间的；宗庙中的碑则是作为拴系祭祀用的牲畜的石柱子。

何绍基懊悔不已，想起当年杜甫曾在历下亭作《陪李北海宴历下亭》诗，遂抽出“海右此亭古，济南名士多”句书丹成碑，命人精工嵌刻于历下亭亭前回廊。事后，何绍基亲自来到亭前焚香祭拜杜甫，并且把酒也戒了。

何绍基在历下亭书下杜甫的诗句后，感慨不已，留下一联：

山左称有古历亭，坐览一带幽燕之盛，
当今谁是名下士？不觉三叹感慨而兴。

在历下亭的门上悬有红底金字“海右古亭”匾一方。大门东侧有石碑横卧，上刻“历下亭”3字，是清代乾隆皇帝亲笔手书。

■ 大明湖美景

大门西侧有御碑亭，红柱青瓦，四方尖顶，与西游廊相连，亭内立有1748年乾隆皇帝撰书的《大明湖题》诗碑。

历下亭东南侧，有古柳一棵，枝干胸径1米多，均已枯朽，却又枯木重生，于枝干外皮处萌生嫩枝，迎风拂动，别有情趣。

整个历下亭岛，亭台轩廊，错落有致，修竹芳卉，点缀其间。夏日翠柳笼烟，碧波轻舟；秋日金风送爽，荷花飘香，吸引着无数文人

历下亭正面

骚客登临，并留下笔墨。其中有一对联，写得十分优美：

有鹤松皆古，
无花地亦香。

这是一副姓名无考的对联，上联说历下亭鹤舞古松，环境古朴幽雅。下联说此地不需要以香花来增添芬芳，极言景色优美。

还有一副无名氏的长联，将历下亭写得如诗如画：

风雨送新凉，看一派柳浪竹烟，空翠染成摩诘画，
湖山开晚霁，爱十里红情绿意，冷香飞上浣花诗。

柳枝摇曳，翠竹含烟，雨幕中的景色多像王维的名画。而雨后的风光，红花更艳，绿树更绿，特别是在夕照中的历下亭好似五代诗人

韦庄的诗一样动人。方萱年先生从动、静两方面来写历下亭：

独上高楼，是山色湖光胜处；
谁家画舫，正清歌美酒酣时。

作者独自登楼望远，千佛山山色、大明湖湖光，尽收眼底，这是静景。不知是谁坐船在湖中穿行，喝着美酒，听着清歌，呈现一幅流动的画面。联语高下相映，动静相对，将历下亭的美写得恰到好处。

历下亭中不仅对联美妙，还有许多诗词。清代著名诗人黄景仁在游历下亭后，写下了《游历下亭》：

城外青山城里湖，七桥风月一亭孤。
秋云拂镜荒蒲艾，水气销烟冷画图。
邕甫名游谁可继？颍杭胜迹未全输。
酒船只旁鸥边舣，携被重来兴有无？

无论是诗词还是对联，都为历下亭增色不少，使历下亭渐渐成为济南的一颗闪耀的明珠。

阅读链接

历下亭早在北魏时期地理学家郦道元来济南考察水系时，就曾被写道："其水北为大明湖，西即大明寺，寺东北两面侧湖，此水便成净池也。池上有客亭，左右楸桐，负日俯仰。目对鱼鸟，水木明瑟，可谓濠梁之性，物我无违矣。"

文中的"客亭"便是指历下亭。后来，被骊道元称为"客亭"的无名小亭，因杜甫的登临而出名，成为一时名胜。

滁州醉翁亭

天下第一亭

醉翁亭坐落于安徽省滁州西南琅琊山麓，宋代大散文家欧阳修写的传世之作《醉翁亭记》写的就是此亭，是安徽省著名古迹之一。

醉翁亭小巧独特，具有江南亭台特色。它紧靠峻峭的山壁，飞檐凌空挑出，具有江南园林特色。

醉翁亭一带的建筑，布局紧凑别致，总面积虽不到1000平方米，却有9处互不相同的景致，人称“醉翁九景”。醉翁亭与北京陶然亭、长沙爱晚亭、杭州湖心亭并称为“中国四大名亭”。

饮酒醉心的醉翁亭

据传北宋年间，在安徽省琅琊山宝应寺的住持方丈叫智仙。他每天除了烧香拜佛，便在庙前摆3个茶水摊，供过路的樵夫、猎人饮用。这一带人们都称赞智仙方丈心地善良。

有一天，有个两鬓斑白的老人从此路过，喝了几杯茶后，便称赞起智仙方丈来了，并记得智仙方丈供应茶水，已经是9年9个月，外加9天了。

安徽琅琊山山门

安徽琅琊山上的醉翁亭正门

这老人告诉智仙方丈，他每天都要上山砍柴，经常在一块秀丽的地方歇息，那里风景美，来往过路的人也很多，就是缺少一个茶摊。

智仙方丈一听，忙请老人领路，前去看看。两人到了那里，智仙一看，果然是个好地方，林木茂盛，泉水清澈，风景秀丽，智仙方丈决定在此设个茶摊。

两人正说话，忽然天色大变，下起了瓢泼大雨。老人叹口气说："要是在这里修个亭子就好了。"

老人本是顺口一说，没承想，智仙方丈却将此话记在心头。不几天，就在这里修了个亭子。亭子修好了，但始终起不出个好名字让两人都满意。时间一长，两人渐渐把给亭子起名字的事就给忘了。

后来，欧阳修到滁州当太守。他为官清正，体察民情，这里的百姓过着太平生活。他经常到琅琊山，与智仙方丈交往较深。

智仙方丈邀请欧阳修为亭子起个名字。欧阳修说："我来到滁州，能与民同乐，真使我心醉。我看

方丈 原为道教固有的称谓，佛教传入我国后借用这一俗称。佛寺住持的居处称为"方丈"，也称"堂头""正堂"。这是"方丈"一词的狭义。广义的方丈除指住持居处外，还包括其附属设施如寝室、茶堂、衣钵寮等。

■ 安徽琅琊山上的醉翁亭

就叫它‘醉翁亭’吧！”

从那以后，欧阳修常同朋友到亭中游乐饮酒，欧阳修善于饮酒，基本上来个朋友就找借口喝酒，一喝就非得喝多了。天天喝酒喝得晕晕乎乎的，自己岁数又最大，于是欧阳修自号“醉翁”，并写下传世之作《醉翁亭记》。

《醉翁亭记》影响深远、千古传诵，醉翁亭也因此而闻名遐迩，被誉为“天下第一亭”。欧阳修还为此亭亲笔题写了“醉翁亭”匾额。

醉翁亭玉立于琅琊山林之中，灰瓦红木柱，别有一番风致。由于木料易腐朽，所以建筑大师们就在木材上涂漆和桐油，以保护木质，同时增加美观，使之实用、坚固与美观相结合，所以醉翁亭的柱子都是大红色，在山林中十分醒目。

此外醉翁亭的梁架等处还有绘制的彩画。亭下木

匾额 我国独特的民俗文化精品，古建筑的必然组成部分，相当于古建筑的眼睛。它把古老文化流传中的辞赋诗文、书法篆刻、建筑艺术融为一体，集字、印、雕、色的大成，并且雕饰各种龙凤、花卉、图案花纹，有的镶嵌珠玉，极尽华丽之能事，是中华文化园地中的一朵奇葩。

质阴影部分，用绿色的冷色，这样就更强调了阳光的温暖和阴影的阴凉，形成一种悦目的对比。这种色调在夏天使人产生一种清凉感。

醉翁亭采用木柱、木梁构成房屋的框架，屋顶与房檐的重量通过梁架传递到立柱上，这是我国传统建筑的特点，只用几根柱子撑起整个建筑，使其产生一种“亭亭玉立”的形象。

这种构件既有支承荷载梁架的作用，又有装饰作用，有很好的实际功用，又可以使亭子在不同气候条件下，满足各种功能要求。比如通风，使其成为歇脚乘凉的好场地；还可以借景，坐在亭下，亭子周边的山林风光尽入眼中。

醉翁亭的屋顶如鸟翼伸展的檐角造型，使整个醉翁亭给人以轻巧欲飞之感。这种美在本质上是时间进程的流动美，在个体建筑物上表现出来，显出线的艺术特征，形成微翘的飞檐。

这种飞檐使本应沉重向下压的房顶，反而随着线的曲折，显出向上挺举的飞动轻快，宽厚的台基使整个醉翁亭呈现出一种轻巧协调、舒适实用、节奏鲜明的特点。

醉翁亭中后来立有欧阳修的塑像，其神态安详。亭旁有一巨石，上刻圆底篆体“醉翁亭”3个字。在亭前有九曲流觞，流水不腐。

离亭不远，有泉水从地下溢出，泉眼旁用石块砌成方池，水入池中，然后汇入山溪。水池1米见方，池深2尺左右。池上有清代知州王赐魁立的“让泉”两字碑刻。

让泉水温度终年变化不大，泉水“甘如醍醐，莹如玻璃”，所以

醉翁亭旁的“醉翁亭”刻石

琅琊山上的醉翁亭

又被称为“玻璃泉”。出亭西，有欧公手值的“欧梅”，千年古树高达10多米，枝头万梅竞放，树下落红护花。

醉翁亭亭后最高处有一高台，曰“玄帝宫”，登台环视，但见亭前群山涌翠，横叶眼底；亭后林涛起伏，飞传耳际，犹如置身画中。

欧阳修任滁州太守期间，还在醉翁亭不远处修建了丰乐亭。丰乐亭面对峰峦峡谷，傍倚涧水潺流，古木参天，山花遍地，风景十分佳丽。关于丰乐亭的兴建，欧阳修在《与韩忠献王书》中告诉友人：

偶得一泉于滁州城之西南丰山之谷中，水味甘冷，因爱其山势回换，构小亭于泉侧。

文中称自己发现一眼泉水，泉水清冽，而且所在的丰山十分美，所以在泉的旁边建造了一个小亭子，将泉取名为“丰乐泉”，亭取名为“丰乐亭”。“丰乐亭”取“岁物丰成”“与民同乐”之意。

并且，欧阳修为此还写下了《醉翁亭记》的姐妹篇《丰乐亭记》，还以《丰乐亭游春》一诗记载与民同乐之盛况。诗写道：

红树青山日欲斜，
长郊草色绿无涯。
游人不管春将老，
来往亭前踏落花。

丰乐亭前有山门，亭后有厅堂，还有九贤祠、保丰堂等，四周筑以围墙。丰乐亭内有苏东坡书刻的《丰乐亭记》石碑、吴道子画的《观自在菩萨》石雕像，保丰堂内有明滁州判官尹梦壁所作的《滁州十二景诗》碑刻，这些都是我国古代文化艺术的珍品。可惜，后来由于丰乐亭周边建设原因，使这里不能供人游览。

自从欧阳修写下《醉翁亭记》和《丰乐亭记》后，琅琊山的声名日隆，文人墨客、达官显贵，纷纷前来探幽访古，题诗刻石。

北宋太常博士沈遵也慕名来到了醉翁亭，观赏之余，创作了琴曲《醉翁吟》，欧阳修亲为配词。

事隔数年之后，欧阳修和沈遵重逢，沈遵操琴弹《醉翁吟》，琴声勾起了欧阳公对当年在亭间游饮往事的追忆，欧阳修还作诗《赠沈遵》以赠。

阅读链接

关于醉翁亭的姊妹亭丰乐亭的建筑，还有一个小故事。

据说欧阳修在家中宴客，遣仆去醉翁亭前酿泉取水沏茶。不意仆在归途中跌倒，水尽流失，遂就近在丰山取来泉水。可是欧阳修一尝便知不是酿泉之水，仆从只好以实相告。

欧阳修当即偕客去丰山，见这里不但泉好，风景也美，于是在此疏泉筑池，辟地建亭。

醉翁亭建筑群盛景

醉翁亭初建时只有一座亭子，北宋末年，知州唐俗在其旁建同醉亭。在醉翁亭的北面有3间劈山而筑的瓦房，隐在绿树之中，肃穆典雅，这就是“二贤堂”，初建于1095年，这是纪念欧阳修和王禹偁两位太守而建的。

醉翁亭内的二贤堂

欧阳修 （1007～1072），喜欢以"庐陵欧阳修"自居。世称"欧阳文忠公"，北宋时期卓越的政治家、文学家和史学家。与韩愈、柳宗元、王安石、苏洵、苏轼、苏辙、曾巩合称"唐宋八大家"。后人又将其与韩愈、柳宗元和苏轼合称"千古文章四大家"。

所谓二贤者，欧阳修和王禹偁是也。欧阳修自不待言，王禹偁，宋初文学家，一生刚直敢言。滁州历史上曾属淮南国，欧、王两人都曾在滁州做过太守，故有此名句。

在二贤堂前有一副对联：

驻节淮南关心民瘼；
留芳江表济世文章。

原堂已毁，存留下来的二贤堂为后来重建。堂内有两联，一是：

谪往黄冈执周易焚香默坐岂消遣乎；
贬来滁上辟丰山酌酒述文非独乐也。

二是：

醒来欲少胸无累；
醉后心闲梦亦清。

这两副对联既表达了人们对两任太守皆因关心国

王禹偁 （954～1001），北宋时期白体诗人、散文家。为北宋时期诗文革新运动的先驱，文学韩愈、柳宗元，诗崇杜甫、白居易，多是反映社会现实，风格清新平易。词仅存一首，反映了作者积极用世的政治抱负，格调清新旷远，著有《小畜集》。

事而被贬谪滁州的愤愤不平，又表达了他们对两位太守诗文教化与民同乐的精神的敬佩之情。

宋代末年，滁州人为了纪念欧阳修，特在琅琊山坡上修建一亭，亭为六柱六角，名曰“六一亭”。不过，原亭早毁，人们见到的是后来重建的。亭旁有摩崖1块，上刻隶书“六一亭”，系陆鹤题书。

明代，醉翁亭周围的建筑开始兴盛起来，当时房屋已建到“数百柱”，布局紧凑，亭台小巧，具有江南园林特色。有古梅亭、九曲流觞、意在亭、方池、宝宋斋、影香亭等。

古梅在醉翁亭院北，相传此梅是欧阳修所手植，世称“欧梅”。不过此梅早已枯死，后来人们看到的是明人补植的。

古梅虽经百年风霜雨雪，仍然枝茁叶茂，清香不绝。这株古梅品种稀有，花期不抢蜡梅之先，也不与春梅争艳，独伴杏花开放，人们称其为“古梅”。

1425年，南京太仆寺卿赵次进在古梅前凿石引水建造方池，池内因有泉眼，池水终年不涸。后来待御邵梅墩为了赏梅，在池中建造一亭，名“见梅亭”。

1535年， 滁州判官张明道为观赏古梅花，在古梅北又

篆刻 比喻精心书写或过分修饰文字及雕刻印章。因印章多用篆文刻成，故称篆刻。篆刻是一门与书法密切结合的传统艺术，迄今已有三千七百多年的历史，历经了十余个朝代。又称玺印、印或印章等。印章是一种实用艺术品。

意在亭前的九曲流觞

■醉翁亭北侧的古梅亭

建了一座“梅瑞堂”，内有张榕瑞等咏梅诗碑刻2块。后来，有位书法家在堂后面的崖壁上题“古梅亭”篆刻一方，梅瑞堂也随之改名为“古梅亭”。

后来，人们还在古梅亭旁边建了览余台和怡亭，都是赏梅的好所在，并且由于角度不同，映入眼帘的梅姿也就各异。

1561年，滁州太仆寺少卿毛鹏建造了“皆春亭”。1603年，滁州知州卢洪夏在皆春亭四周凿石引水，仿照东晋书圣王羲之《兰亭集序》中的场景建造了“曲水流觞”，供人们戏水饮酒。

卢洪夏还重修了皆春亭，并将其改名为“意在亭”，取“醉翁之意不在酒，在乎山水之间也”之意。亭以四根栋木为柱，亭角飞檐，呈飞腾之状。还在亭两边题联为：

酒洌泉香招客饮，

山光水色入樽来。

飞檐 我国传统建筑檐部形式之一，多指屋檐特别是屋角的檐部向上翘起，如飞举之势，常用在亭、台、楼、阁、宫殿或庙宇等建筑的屋顶转角处，四角翘伸，形如飞鸟展翅，轻盈活泼，所以也常被称为飞檐翘角。飞檐是我国建筑民族风格的重要表现之一，通过檐部上的这种特殊处理和创造，增添了建筑物向上的动感。

■ 醉翁亭西侧的宝宋斋

1622年，明代南太仆寺少卿冯若愚在醉翁亭西侧建造宝宋斋，也称“碑亭”。屋内立有苏轼手书《醉翁亭记》碑刻两块四面。斋东侧外檐下嵌有明冯若愚《宝宋斋记》和明代《重修醉翁亭记》碑。

《醉翁亭记》初刻于1041年，因其字小刻浅难以久传，又于1091年由欧阳修门生、北宋大诗人苏东坡改书大字重刻。

文章与书法相得益彰，后人称为“欧文苏字，珠联璧合”，视为宋代留下的稀世珍品，与琅琊寺中吴道子所画的《观自在菩萨》石雕像，同为难得的古代文化瑰宝。

明代崇祯年间，也就是1628年至1644年，滁人为了纪念明代南太仆寺少卿冯若愚及其子冯元飚修建“宝宋斋”保护了“欧文苏字”碑一事，特地为其建造了冯公祠。冯公祠为3间瓦平房，后损毁，人们见到的是后来在原址上重新修建的。

1685年，滁州知州王赐魁因坐在见梅亭中能看见

吴道子（约680～759），唐代画家。画史界尊称其为吴生。又名道玄。初为民间画工，年轻时即有画名。以擅长绘画被召入宫廷，历任供奉、内教博士。曾随张旭、贺知章学习书法。擅长佛道、神鬼、人物、山水、鸟兽、草木、楼阁等，尤精于佛道、人物，擅长壁画创作。

亭北古梅的倒影，又能闻到梅花的香味，因以把此亭改名为“影香亭”，取宋代诗人林逋的《山园小梅》诗中“疏影横斜水清浅，暗香浮动月黄昏”句意。

影香亭从池外入亭内有小桥相连，小桥用条石铺架，人们可倚栏观池中古梅倒影，闻亭外古梅芳香。影香亭两边对联题为：

疏影横斜水清浅，
暗香浮动月黄昏。

清代，人们在醉翁亭院西侧建有“醒园”一处，平房7间，毁于战火。后来，人们在其废墟上建亭一座，竖立4块复制宝宋斋书苏轼手书的《醉翁亭记》碑刻。

太仆寺 古代官名，始置于春秋时期。秦汉时期沿袭，为九卿之一。掌皇帝的舆马和马政。王莽一度更名为“太御”，南北朝时期不常置。北齐始称“太仆寺卿”，历代沿置不革，清代废止。太仆寺最高长官为太仆寺卿，属官有太仆寺少卿2人、太仆寺丞4人、太仆寺员外郎、太仆寺主事、太仆寺主簿等。

醉翁亭内的影香亭

醒园西侧的解醒阁

醒园西北角还有一座宫殿式建筑——“解醒阁”。出醒园南门，有一亭，名为“洗心亭”。其四角坐地，一面背山，三面有门，门额为弧券形。亭内四方形，上顶半球形穹窿。

登上古梅亭内的览余台，可以瞭望六亭，即意在亭、影香亭、古梅亭、怡亭、碑亭、洗心亭以及两边“醒园”景色。俯瞰醉翁亭全景，小巧玲珑，曲折幽深，九院七亭，亭中有亭，亭水同映，松柏常青。

阅读链接

醉翁亭位于安徽省滁州西南琅琊山麓，琅琊山古称“摩陀岭”，相传西晋时琅琊王司马佩率兵伐吴驻跸于此，故后人改名为“琅琊山”。

琅琊山不甚高，但清幽秀美，四季皆景。山中沟壑幽深，林木葱郁，花草遍野，鸟鸣不绝，琅琊亭亭如盖。

山中还有唐代建琅琊寺、宋代建醉翁亭和丰乐亭等古建筑群，以及唐宋时期以来摩崖碑刻几百处，其中有唐代吴道子绘《观自在菩萨》石雕像和宋代苏东坡书《醉翁亭记》《丰乐亭记》碑刻，历代书法名家书写的《醉翁亭记》。碑刻与山中古道、古亭、古建筑相得益彰。

杭州湖心亭

湖心亭位于浙江杭州西湖中央，是我国四大名亭之一。在宋元时期曾有湖心寺。明代有知府孙孟建振鹭亭，后改清喜阁，是湖心亭的前身。在湖心亭极目四眺，湖光皆收眼底，群山如列翠屏，在西湖十八景中称为“湖心平眺”。

湖心亭不仅是亭名，也是岛名。湖心亭小于三潭印月，大于阮公墩。它们合称“蓬莱三岛”，湖心亭为“蓬莱”，三潭印月为“瀛洲”，阮公墩为“方丈”。环岛皆水，环水皆山，置身湖心亭，确有身处“世外桃源”之感。

西湖盛景的美丽传说

相传在很久以前，天上的玉龙和金凤在银河边的仙岛上找到了一块白玉，他们一起琢磨了许多年，白玉就变成了一颗璀璨的明珠。这颗宝珠的珠光照到哪里，哪里的树木就常青，百花就盛开。

谁知，这颗宝珠被王母娘娘发现后，就派天兵天将把宝珠抢走了，玉龙和金凤赶去索珠，王母不肯，于是就发生了争抢，王母的手

湖心亭上的残雪

湖心亭旁的“阮公墩”

一松，明珠就降落到人间，变成了波光粼粼的西湖。

玉龙和金凤舍不得明珠，下凡变成玉龙山和凤凰山，永远守护着西湖。他们的眼泪则变成了湖中的3座小岛，人们把这3个岛分别取名为“湖心亭”“三潭印月”和“阮公墩”，又称为“蓬莱三岛”。

传说渤海外有3座神山，分别是蓬莱、瀛洲和方丈。在道家经典《列子》中记载：“渤海之东有五山焉，一曰岱舆，二曰员峤，三曰方壶，四曰瀛洲，五曰蓬莱。”

据说当时蓬莱岛共有5座，那另外两座去哪里了呢？关于消失的两座山，还有一个故事。

住在那里的人都是神仙圣人一类，一天一夜就能飞过去又飞回来的人，数也数不清。但5座山的根部并不相连，经常跟随潮水的波浪上下移动，不能有一刻稳定。

《列子》 古代道家的一本书名。《列子》又名《冲虚经》，是道家重要典籍。《列子》全书共记载民间故事寓言、神话传说等134则，题材广泛，有些颇富教育意义。是我国古代思想文化史上著名的典籍，属于诸家学派著作，是一部智慧之书，它能开启人们心智，给人以启示，给人以智慧。

湖心亭美景

神仙和圣人们都讨厌此事，便报告了天帝。天帝担心这5座山流到最西边去，使众多的神仙与圣人失去居住的地方，于是命令禹强指挥15只大鳌抬起脑袋把这5座山顶住。分为3班，6万年一换。

这5座山才开始稳定下来不再流动，但是龙伯之国有个巨人，抬起脚没走几步就到了这5座山所在的地方，一钩就钓上了6只大鳌，背上就回到了他们国家，然后烧大鳌的骨头来占卜吉凶。

于是岱舆和员峤两山便沉入了大海，所以就剩下了3座山了。

人们把西湖中的3座山分别命名为“蓬莱三岛”，湖心亭为“蓬莱”，三潭印月为“瀛洲”，阮公墩为“方丈”。

至宋元时期，人们在蓬莱岛上建造了湖心寺，后倾圮。在后来清代地方志《西湖志》就有记载：“亭在全湖中心，旧有湖心寺，寺外三塔，明孝宗时，寺与塔俱毁。”

知府 古代官名。宋代至清代地方行政区域“府”的最高长官。唐代以建都之地为府，以府尹为行政长官。宋代升大郡为府，以朝臣充各府长官，称以某官知某府事，简称“知府”。明代以知府为正式官名，为府的行政长官，管辖所属州县。清代沿明代体制不改。知府又尊称太守、府尊，也称黄堂。

至1552年，知府孙孟在寺的旧址上盖了振鹭亭，后改用琉璃瓦，亭角悬挂铜铃，风起时，铃声悠悠，一时成为湖上闹处，改名清禧阁，但不久被风雨所倾。

据明代钱塘县令聂心汤的《县志》中记载："湖心寺外三塔，其中塔、南塔并废，乃即北塔基建亭，名湖心亭。复于旧寺基重建德生堂，以放生之所。"

1573—1619年，又进行重建，清禧阁改名"太虚一点"，因亭居于外西湖中央小岛上，故又称"湖心亭"。亭为岛名，岛为亭名。

清雍正年间，重修湖心亭后，又在上层增添楼阁，新造2间堂屋，屋后是临水长廊。康熙亲临岛上题亭额"静观万类"，题楼额"天然图画"，又写下一副楹联"波涌湖光远，山催水色深"。

后迭经变故，亭阁颓圮，又几成荒岛。

存留下来的湖心亭建造于孤山之南，三潭印月的北面。湖心亭选址极为恰当，四面临水，花树掩映，衬托着飞檐翘角的黄色琉璃瓦屋顶，这种色彩上的对比显得更加突出。

岛与建筑结合自然，湖心亭与三潭印月、阮公墩三岛如同神话中海上三座仙山一样鼎立湖心。

西湖湖心亭建筑

而在湖心亭上又有历代文人留下“一片清光浮水国，十分明月到湖心”等写景写情的楹联佳作，更增湖心亭的美好意境，而人于亭内眺望全湖时，山光水色，着实迷人。

湖心亭为楼式建筑，四面环水，登楼四望，不仅湖水荡漾，而且四面群山如屏风林立。亭的西面为西湖的南高峰和北高峰，景色十分壮观。

游人登此楼观景，称为“湖心平眺”，是清代西湖十八景之一。

昔人有诗写道：

百遍清游未拟还，孤亭好在水云间。
停阑四面空明里，一面城头三面山。

湖心亭南便是三潭印月。三潭印月的三个石塔为宋代苏东坡任杭州知府时所建。一登岸，迎面来的便是先贤祠和一座小巧玲珑的三角亭，以及与三角亭遥相呼应的四角“百寿亭”。

这些亭与桥既构成了三潭印月水面空间分割，又增加了空间景观层次，成为不可缺少的景观建筑。

西湖“三潭印月”碑亭

西湖湖心亭三潭印月石塔

绿树掩映的“我心相印亭”以及三潭印月的碑亭，都为构成三潭印月的景观、空间艺术层次起到了重要作用，而“我心相印亭”因有“不必言说，彼此意会”的寓意，更增三潭印月的情趣。

三潭印月与湖心亭相互呼应形成对景，更加增添了游人在湖心亭眺望的美景。

阅读链接

湖心亭所在的瀛洲岛泥土松软，不宜建造过多建筑，荒芜了百余年。直至1982年，为开发旅游资源，在这面积5600多平方米的岛上，增添1000多吨泥土，周围块石加固，基建240多平方米，建造了“忆芸亭”“云水居”和“环碧小筑”等，后又开辟垂钓区，形成了一个颇具特色的“绿树花丛藏竹舍”的水上园林。

后来人们在湖心亭上举办仿古游，更加受人们的欢迎。夏秋之夜的岛上，身着古装的侍女敬茶，古琴伴奏，轻歌曼舞，洋溢着古人生活情趣的气氛，游者乐在其中。

诗词扬名的湖心亭

湖心亭初建时，曾有这样一副对联：

亭立湖心，俨西子载扁舟，雅称雨奇晴好，

席开水面，恍东坡游赤壁，偏宜月白风清。

湖心亭上的石桥

西湖湖心亭景观

“雨奇晴好”，用苏东坡《饮湖上初晴后雨》的“水光潋滟晴方好，山色空濛雨亦奇”诗句意。“席开水面”形容湖面如席之平广，十分形象。“月白风清”用苏东坡《后赤壁赋》“月白风清，如此良夜何”句。

此联把湖心亭比作“西子载扁舟”“苏公游赤壁”，使人遐想联翩，产生一种动感。

自从宋代诗人苏东坡别出心裁地把西湖比作古代美女西施以来，从此西湖就有了“西子湖”的美称。而此联又把湖心亭比作西子泛舟湖上的扁舟，可谓佳喻巧思。

明朝嘉靖年间人郑烨撰的楹联，描绘了此地景色：

台榭漫芳塘，柳浪莲房，曲曲层层皆入画，

烟霞笼别墅，莺歌蛙鼓，晴晴雨雨总宜人。

西施 本名施夷光，春秋末期人物，天生丽质。西施也与南威并称“威施”，均是美女的代称。“闭月羞花之貌，沉鱼落雁之容”中的“沉鱼”，讲的是西施浣纱的经典传说。西施与王昭君、貂蝉、杨玉环并称为我国古代四大美女，其中西施居首。

西湖湖心亭长廊

这是一副清雅秀逸的名胜风景对联。它把湖心亭这一弥漫在蒙蒙春雨中的名胜，展现在人们的眼前。亭旁堤岸上的柳树在春风吹拂下，如波浪一样，起伏不断，和湖中的莲荷相辉映，雨后乍晴的西湖各种建筑物，在烟霞里显得格外清幽壮观。莲荷相映，莺歌蛙鸣，动静结合，给湖心亭以勃勃生机。

联中叠字的运用十分巧妙，“曲曲层层”惟妙惟肖地写出了湖心亭周围的亭台楼阁、绿柳莲房；“晴晴雨雨”展示了晴、雨天气的西湖景色。

湖心亭清喜阁上旧时有一副胡来朝撰写的楹联，是一充满现实主义的作品：

四季笙歌，尚有穷民悲月夜；
六桥花柳，浑无隙地种桑麻。

胡来朝（1561～1627），清代四大名宦之一。1598年进士，初任陕西延安府司理，后补任浙江杭州司理，又擢吏部文选司郎中，累升都察院右佥都御史。在1617年曾出资为赞皇县增修学宫，县民为纪念他，在县孔庙中为其立祠以祀之。

经过文人的游历，还有这些优秀楹联的传名，湖心亭越加出名了。明末清初的时候，明代末期大文学家张岱来到了湖心亭，写下了著名篇章《湖心亭看雪》，从此湖心亭更是名扬天下。

《湖心亭看雪》选自《陶庵梦忆》，写道：

崇祯五年十二月，余住西湖。大雪三日，湖中人鸟声俱绝。

是日更定矣，余拏一小舟，拥毳衣炉火，独往湖心亭看雪。雾凇沆砀，天与云与山与水，上下一白。湖上影子，唯长堤一痕、湖心亭一点、与余舟一芥，舟中人两三粒而已。

到亭上，有两人铺毡对坐，一童子烧酒炉正沸。见余大喜曰："湖中焉得更有

《陶庵梦忆》是明代散文家张岱所著，也是张岱传世作品中最著名的一部。该书将种种世相展现在人们面前，如茶楼酒肆、说书演戏、斗鸡养鸟、放灯迎神以及山水风景、工艺书画等，构成了明代社会生活的一幅风俗画卷，因此也被研究明代物质文化的学者视为重要文献。

西湖湖心亭景观

西湖湖心亭牌坊

此人！”拉余同饮。余强饮三大白而别。问其姓氏，是金陵人，客此。

及下船，舟子喃喃曰：“莫说相公痴，更有痴似相公者！”

明代晚期小品在我国散文史上虽然不如先秦诸子或唐宋八大家那样引人注目，却也占有一席之地。它如开放在深山石隙间的一丛幽兰，疏花续蕊，迎风吐馨，虽无灼灼之艳，却自有一段清高拔俗的风韵。

第一句：“崇祯五年十二月，余住西湖。”从冷冷的冬天能更加突出湖心亭的雪极其美丽。开头两句点明时间、地点。

“十二月”，正当隆冬多雪之时，“余住西湖”，则点明作者所居邻西湖。这开头的两句，却从时、地两个方面不着痕迹地引出下文的大雪和湖上看雪。

第二句：“大雪三日，湖中人鸟声俱绝。”紧承开头，只此两句，大雪封湖之状就令人可想，读来如觉寒气逼人。

作者妙在不从视觉写大雪，而通过听觉来写，“湖中人鸟声俱绝”，写出大雪后一片静寂，湖山封冻，人、鸟都瑟缩着不敢外出，寒噤得不敢作声，连空气也仿佛冻结了。

一个“绝”字，传出冰天雪地、万籁无声的森然寒意。这是高度的写意手法，巧妙地从人的听觉和心理感受上刻画出了大雪的威严。

它使我们联想起唐人柳宗元那首有名的诗《江雪》：“千山鸟飞绝，万径人踪灭。孤舟蓑笠翁，独钓寒江雪。”

柳宗元这幅《江天大雪图》是从视觉着眼的，江天茫茫，“人鸟无踪”，独有一个“钓雪”的渔翁。

张岱笔下则是“人鸟无声”，但这无声却正是人的听觉感受，因而无声中仍有人在。柳诗仅20字，最

柳宗元（773~819），唐代杰出诗人、哲学家、儒学家乃至成就卓著的政治家，唐宋八大家之一。著名作品有《永州八记》等600多篇文章，经后人辑为30卷，名为《柳河东集》。柳宗元与韩愈同为唐代中期古文运动的领导人物，并称“韩柳”。在我国古代文化史上，其诗、文成就均极为杰出。

湖心亭名胜景观

■湖心亭里的长廊

后才点出一个“雪”字，可谓即果溯因。

张岱则写“大雪三日”而致“湖中人鸟声俱绝”，可谓由因见果。两者机杼不同，而同样达到写景传神的艺术效果。

如果说，《江雪》中的“千山鸟飞绝，万径人踪灭”，是为了渲染和衬托寒江独钓的渔翁，那么张岱则为下文有人冒寒看雪作为映照。

第三句：“是日更定矣，余拏一小舟，拥毳衣炉火，独往湖心亭看雪。”“是日”者，“大雪三日”后，祁寒之日也；“更定”者，凌晨时分，寒气倍增之时也。

“拥毳衣炉火”一句，则以御寒之物反衬寒气砭骨。

试想，在“人鸟声俱绝”的冰天雪地里，竟有人夜深出门，“独往湖心亭看雪”，这是一种何等迥绝流俗的孤怀雅兴啊！“独往湖心亭看雪”的“独”

张岱（1597～1689），明末清初文学家、史学家。精于茶艺鉴赏，爱繁华，好山水，晓音乐、戏曲，其最擅长散文，著有《琅嬛文集》《陶庵梦忆》《西湖梦寻》《三不朽图赞》和《夜航船》等绝代文学名著。

字，正不妨与“独钓寒江雪”的“独”字互参。

在这里，作者那种独抱冰雪之操守和孤高自赏的情调，不是溢于言外了吗？其之所以要夜深独往，大约是既不欲人见，也不欲见人。那么，这种孤寂的情怀中，不也蕴含着避世的幽愤吗？

然后，作者以空灵之笔来写湖中雪景：“雾凇沆砀，天与云与山与水，上下一白。湖上影子，唯长堤一痕、湖心亭一点、与余舟一芥，舟中人两三粒而已。”

这真是一幅水墨山水画的湖山夜雪图！“雾凇沆砀”是形容湖上雪光水气，一片弥漫。“天与云与山与水，上下一白”，迭用3个“与”字，生动地写出天空、云层、湖水之间白茫茫浑然难辨的景象。

作者先总写一句，犹如摄取一个“上下皆白”的全景，从看雪来说，符合第一眼的总感觉、总印象。

接着变换视角，化为一个个诗意盎然的特写镜头：“长堤一痕、湖心亭一点、与余舟一芥舟中人两

山水画 我国的山水画简称“山水”，以山川自然景观为主要描写对象。形成于魏晋南北朝时期，但尚未从人物画中完全分离。隋唐时始独立，五代、北宋时趋于成熟，成为中国画的重要画科。传统上按画法风格分为青绿山水、金碧山水、水墨山水、浅绛山水、小青绿山水、没骨山水等。

湖心亭上的石桥

三粒”等。这是简约的画，梦幻般的诗，给人一种似有若无、依稀恍惚之感。

作者对数量词的锤炼功夫，不得不使我们惊叹。“上下一白”之“一”字，是状其混茫难辨，使人唯觉其大。而“一痕、一点、一芥”之“一”字，则是状其依稀可辨，使人唯觉其小。

真可谓着“一”字而境界出矣。同时由“长堤一痕”到“湖心亭一点”，到“余舟一芥”，到“舟中人两三粒”，镜头则是从小而更小，直至微乎其微。

这“痕、点、芥、粒”等词，一个小似一个，写出视线的移动、景物的变化，使人觉得天造地设，生定在那儿，丝毫也撼动它不得。这一段是写景，却又不止于写景。

从这个混沌一片的冰雪世界中，可以感受到作者那种人生天地间茫茫如“太仓米”的深沉感慨。

最后一句：“及下船，舟子喃喃曰：‘莫说相公痴，更有痴似相公者！’”

前人论词，有点、染之说，这个尾声，可谓融点、染于一体。借舟子之口，点出一个“痴”字；又以相公之“痴”与“痴似相公者”相比较、相浸染，把一个“痴”字写透。

所谓“痴似相公”，并非减损相公之“痴”，而是以同调来映衬相公之“痴”。“喃喃”两字，形容舟子自言自语、大惑不解之状，如闻其声，如见其人。这种地方，也正是作者的得意处和感慨处。

文情荡漾，余味无穷。痴字表明特有的感受，来展示作者钟情山水、淡泊孤寂的独特个性。

《湖心亭看雪》以精练的笔墨，记叙了作者自己湖心亭看雪的经过，描绘了所看到的幽静深远、洁白广阔的雪景图，表达了他幽远脱俗的闲情雅致。

《湖心亭看雪》的作者张岱出身官僚家庭，但是他一生未做官。他是明代晚期散文作家中成就较高的“殿军”，他写的这篇《湖心亭看雪》使得湖心亭更加有名了。

在湖心亭极目四眺，湖光皆收眼底，群山如列翠屏，在西湖北岸宝石山上，是著名的宝石流霞。

杭州西湖宝石山

湖心亭上的“青山如髻”亭

宝石山初名“石姥山”，曾称“保俶山”“保所山”“石甑山”“巨石山”“古塔山”等。山体属火成岩中的凝灰岩和流纹岩，阳光映照，其色泽似翡翠玛瑙，山上奇石荟萃，有倚云石、屯霞石、凤翔石、落星石等。

当朝阳的红光洒在宝石山上，小石块仿佛是熠熠闪光的宝石，备受人们喜爱，被称为“宝石流霞”。

在湖心亭中，还有清帝乾隆在亭上题过匾额“静观万类”，以及楹联“波涌湖光远，山催水色深”。岛南又有“虫二”两字石碑。

据说这两字也是乾隆帝御笔，是将繁体字中的“风月”两字的外边部分去掉，取“风月无边”的意思。1726年，乾隆帝御书“光澈中边”匾额。

在清代，湖心亭中也引来了诸多文人，其中有几副楹联非常精妙。

乾隆 清高宗爱新觉罗·弘历的年号，弘历是清朝第六位皇帝，定都北京后第四位皇帝，乾隆寓意“天道昌隆”。在位60年，退位后当了3年太上皇，实际掌握最高权力长达63年，是我国历史上执政时间最长、年寿最高的皇帝，他为发展清朝康乾盛世的局面做出了重要贡献，确为一代有为之君。

有清代按察使金安清来湖心亭写的楹联：

春水绿浮珠一颗，
夕阳红湿地三弓。

按察使 古代官名。由宋代提点刑狱演变而来。唐代初期仿汉代体刺史制设立，隶属于各省总督、巡抚，为正三品官，主要任务是赴各道巡察，考核吏治。清末改称提法使，简称臬司。

联语写的是站在西湖堤上眺望湖心亭的景致。上联用比喻手法，把亭比作浮在粼粼绿波上面的一颗明珠。下联写湖心亭在夕阳中的景色。红湿，贴切地描绘出夕阳映湖，湖亭倒影给人的视觉和触觉感受。

联语色彩鲜明，对仗工整，也是一个难得的佳作。在湖心亭赏景，还能够看到美丽的平湖秋月景色。平湖秋月也是历代文人所描摹的景色。

清代晚期文学家黄文中在游西湖时，就对平湖秋月的美景写下了楹联：

鱼戏平湖穿远岫，
雁鸣秋月写长天。

湖心亭上的”光华复旦“牌坊

湖心亭局部景观

平湖秋月，在西湖白堤西端，明代是龙王祠，清代康熙年间改建为御书楼，并在楼前水面建平台，楼侧有“平湖秋月”碑亭。每至皓月当空的秋夜，“一色湖光万顷秋”，充满了诗情画意。

上联描写群鱼在平湖里嬉戏跳跃，好像在湖中的峰峦之中穿行。然后作者忽然把笔锋从水面转向天空，群燕在秋月下飞行鸣叫，排成“人”字形，好像在长天之中写字。鱼跃雁飞，好一派活泼的景象。

一个“穿”字，一个“写”字，突显出动感与生机。上下联在同一位置上嵌进了“平湖”“秋月”，与所塑造的意境浑然一体，非常妥帖自然。

阅读链接

在湖心亭远眺，还能够看到三潭印月。三潭印月岛是西湖中最大的岛屿，风景秀丽、景色清幽。

在岛南湖中建成有3座石塔，相传为苏东坡在杭疏浚西湖时所创设，存留下来有石塔为明代重建。而有趣的是塔腹中空，球面体上排列着五个等距离圆洞，若在月明之夜，洞口糊上薄纸，塔中点燃灯光，洞形映入湖面，呈现许多月亮，真月和假月其影确实难分，夜景十分迷人，故得名“三潭印月”。

北京陶然亭

陶然亭位于北京宣武区东南隅，建筑于1695年的清代，是当时监督窑厂的工部郎中江藻建造，取诗人白居易“更待菊黄家酿熟，共君一醉一陶然”之意，取名陶然亭，是我国四大名亭之一。

陶然亭三面临湖，东与中央岛揽翠亭对景，北与窑台隔湖相望，西与精巧的云绘楼、清音阁相望。湖面轻舟荡漾，莲花朵朵，微风拂面，令人神情陶然。

清新秀丽的古代建筑

北京地区，在唐代曾为“幽州”。自938年幽州成为辽“南京”以来，金、元、明、清历代均在此建都。都市建设必然需要大量砖瓦，于是便在城郊就近设窑烧制。

从1553年起，增建永定门一线的北京南城城墙，将黑窑厂圈入南城。由于筑城取土及多年的制砖用土，这一带形成了许多深坑，历年

北京陶然亭内的“陶然亭”石刻

陶然亭匾额

积蓄雨水，逐渐演变为有野鸭芦苇、坡陇高下、蒲渚参差的风景区，被冠以“野凫潭”的雅称。东南隅的黑龙潭，也成为皇家举行求雨仪式的固定场所。

在野凫潭畔高坡上有一座古刹慈悲庵，始建于元代，又称观音庵。关于慈悲庵的记载，最早于清代，1633年，重修慈悲庵时，后来任工部尚书的宛平人田种玉撰写的《重修黑窑厂观音庵碑记》，其中称：

观音庵者，普门大寺香火院也，创于元，沿于明……

该碑后来被毁，这也是关于慈悲庵创设年代最为直接的记录。在元、明两代，关于慈悲庵的文献记载却几乎是一片空白。

1694年，工部郎中江藻奉命监督黑窑厂。他在闲暇之余常来野凫潭畔高坡上的古刹慈悲庵观览。因喜爱此处清幽雅致的环境，他于第二年在慈悲庵西侧建

观音 又作观世音菩萨、观自在菩萨、光世音菩萨等。她相貌端庄慈祥，经常手持净瓶杨柳，传说她具有无量的智慧和神通，常普救人间疾苦。当人们遇到灾难时，只要念其名号，她便前往救度，所以称观世音。观世音菩萨在佛教诸菩萨中，位居各大菩萨之首，是我国百姓最崇奉的菩萨，影响最大。

了一座小亭，取白居易诗句“更待菊黄家酿熟，共君一醉一陶然”的意境，将此亭命名为“陶然亭”。

江藻建亭10年以后，他的哥哥江蘩做了官，在1704年，将小亭拆掉，改建成南北砌筑山墙，东、西两面通透的“敞轩”。

康熙年间，黑窑厂管理机构撤销，砖窑交窑户承包之后，陶然亭一带成了文人雅士们饮酒赋诗、观花赏月的聚会场所，查慎行、纪晓岚、龚自珍、张之洞、谭嗣同、秋瑾等许多名人都曾到过这里。

慈悲庵西侧的三间敞轩便是陶然亭。陶然亭面阔3间，进深一间半，面积约90平方米。亭上有苏式彩画，屋内梁栋饰有山水花鸟彩画，两根大梁上绘有《彩菊》《八仙过海》《太白醉酒》和《刘海戏金蟾》等彩画。

陶然亭上有江藻亲笔提写的“陶然亭”三字匾

苏式彩画 源于江南苏杭地区民间传统做法，故名，俗称“苏州片”。一般用于园林中的小型建筑，如亭、台、廊、榭以及四合院住宅、垂花门的额枋上。苏式彩画是一大类彩画的总称，它有相对固定的格式，主要特征是在开间中部形成包袱构图或枋心构图，在包袱、枋心中均画各种不同题材的画面，如山水、人物、花卉、走兽等，成为装饰的突出部分。

陶然亭牌匾

额。在东向门柱上悬联：

北京慈悲庵内的题字

似闻陶令开三径，
来与弥陀共一龛。

此联是林则徐书写。在山门内檐下悬挂写有“陶然”两字的金字木匾，此匾为江藻遗墨。亭间分别悬挂两副楹联，一副写道：

慧眼光中，开半亩红莲碧沼，
烟花象外，坐一堂白月清风。

另外一副写道：

烟藏古寺无人到，
榻倚深堂有月来。

陶然亭内景

此联是清代书法家翁方纲所撰，清代慈悲庵的主持僧静明请光绪皇帝的老师翁同龢重写。

在亭的南北墙上有4通石刻，一是江藻撰写的《陶然吟》引并跋；二是清代布政司参政江皋撰写的《陶然亭记》；三是清代思想家谭嗣同所著的《城南思旧铭》并序；四是《陶然亭小集》，这是清代文学家王昶写的《邀同竹君编修陶然亭小集》，此诗是王昶作于1775年的清代左右。

陶然亭建成后，江藻常邀请一些文人墨客、同僚好友到陶然亭上饮宴、赋诗。

慈悲庵经清代的修缮、扩建成后来人们看到的规模。其总面积2700平方米，建筑总面积800余平方米。庵内主要建筑有山门，观音殿、准提殿、文昌阁、陶然亭以及南厅5间、西厅3间、北厅6间等。

在慈悲庵山门石额上刻有“古刹慈悲禅林”6字，山门向东，整个建筑布局严谨，瑰丽庄重。

经幢 幢，原是中国古代仪仗中的旌幡，是在竿上加丝织物做成，又称幢幡。由于印度佛教的传入，特别是唐代中期佛教密宗的传入，将佛经或佛像起先书写在丝织的幢幡上，为保持经久不毁，后来改书写为石刻在石柱上，因刻的主要是《陀罗尼经》，因此称为经幢。

进入慈悲庵山门，迎山门有影壁，其后有1131年遗留下的金代石塔形经幢，幢身为八角柱体，八面间错着刻有四尊佛像和四段梵汉两种文字的经文，这四段经文分别为观音菩萨甘露陀罗尼、净法界陀罗尼、智炬如来心破地狱陀罗尼，有一面刻有的年月款式尚依稀可见，只见“天会九年”几字。

影壁 也称“照壁”，古称“萧墙”，是我国传统建筑中用于遮挡视线的墙壁。影壁也有其功能上的作用，那就是遮挡住外人的视线，即使大门敞开，外人也看不到宅内。影壁还可以烘托气氛，增加住宅气势。影壁可位于大门内，也可位于大门外，前者称为内影壁，后者称为外影壁。

南侧为准提殿，面阔3间，供奉准提等3位菩萨和多尊佛像、祭器、供具等，可惜这些物品后来均被毁，该殿改为“陶然亭奇石展室”。

殿额题：

准提宝殿。

殿联题：

法雨慈云，众生受福，
金轮宝盖，两戒长明。

元代古刹慈悲庵山门

额与联均为1880年，由岭南潘衍所题。在殿前西侧，还存有后来袁浚以魏碑体的大字书写的“陶然亭”碑石。

文昌帝君 为民间和道教尊奉的掌管士人功名禄位之神。文昌本星名，也称“文曲星”或“文星”，古时认为是主持文运功名的星宿。其成为民间和道教所信奉的文昌帝君，与梓潼神和张亚子有关，故又称“梓潼帝君”。

观音殿是慈悲庵的主殿，坐北朝南，与准提殿相对。两殿同处慈悲庵之轴线上，规格体制虽相仿。但观音殿之殿基较准提殿殿基高出0.6米左右，并有殿廊，因而更为宏伟壮观。屋顶脊兽，有狮、麒麟、海马等，显得庄严肃穆。

在道光二十八年，殿额为

大自在。

康熙四十三年，殿额改为：

自在可观。

■ 元代古刹慈悲庵文昌阁

元代古刹慈悲庵观音殿

楹联题：

莲宇茗莵，去天尺五临韦曲，

芦塘淼漫，在水中央认补陀。

殿内有大乘佛教阿弥陀佛、大势王菩萨、观音菩萨的藤胎泥像和一些小型神像、佛像，另有一方文彭镌刻的《兰亭序》石观。

殿前东侧原有田种玉于1663年撰书的《重修黑窑厂观音庵记》石碑，廊下西侧原有步青云于撰书的《重修黑窑厂慈悲院记》石碑。

文昌阁坐北朝南，面阔3间，约8.1米，进深一间约4.4米，高约10米，总建筑面积83平方米。阁前有一小方亭。楼上朝南一面有廊，可凭栏眺望。

文昌阁内祀奉的是文昌帝君和魁星，这两位神祇主宰文运兴衰和功名禄位，受读书人崇敬。

魁星 是我国神话中所说的主宰文章兴衰的神，即文昌帝君。旧时很多地方都有魁星楼、魁星阁等建筑物。由于魁星掌主文运，深受读书人的崇拜。因“魁”又有“鬼”抢“斗”之意，故魁星又被形象化成一副张牙舞爪的形象。同时是我国古代星宿名称。

文昌阁前有座“慈智大德佛顶尊胜陀罗尼幢”，建于1099年，幢高2.52米，八角柱体，八面均有用汉文和音译梵文刻的经文。

湖心岛上还有锦秋墩、燕头山，与陶然亭成鼎足之势。锦秋墩顶有锦秋亭，其地为花仙祠遗址。陶然亭南山麓有“玫瑰山”，燕头山顶有揽翠亭，与锦秋亭和陶然亭形成对景。

对于锦秋墩，在晚清作家魏秀仁所作《花月痕》里有详尽描述：

京师繁华靡丽，甲于天下。独城之东南有一锦秋墩，上有亭，名陶然亭，百年前水部郎江藻所建。

四围远眺，数十里城池村落，尽在目前，别有潇洒出尘之致。

亭左近花神庙，绵竹为墙，亦有小亭。亭外孤坟三尺，春时葬花于此，或传某校书埋玉之所。

后来，人们将陶然亭辟为公园，将原来中南海内乾隆时代的宫廷建筑云绘楼、清音阁迁来此处，与慈悲庵内的陶然亭比邻而居、隔水

北京云绘楼景致

陶然亭清音阁

相对，成为一道亮丽的风景线。

在陶然亭葫芦岛西南，与陶然亭隔水相望，有座妩媚多姿精巧的双层楼阁，它就是云绘楼和清音阁。云绘楼坐西向东、三层，楼北清音阁，坐南朝北，阁上下与云绘楼相通，有门叫“印月”。

双层的彩画游廊向北面和东面伸出，各自连接着一座复式凉亭，而这两座复式的凉亭，又紧紧连接在一起，彼此独立而面向不同的方向，但又珠联璧合，浑然一体，是这组建筑最显著的风格。

这座具有江南风格的小巧建筑，雕塑彩绘全部保存原来的形式与装饰，精巧大方，别具风格，山水之间有亭、台、楼、阁的点缀，更加清新秀丽了。

后来云绘楼因施工需要拆除，但因这组建筑结构和风格独具特色，所以把这组建筑完整地迁建到陶然亭的西湖南岸。

雕塑 是造型艺术的一种。又称雕刻，是雕、刻、塑三种创制方法的总称。指用各种材料创造出具有一定空间的可视、可触的艺术形象，借以反映社会生活，以及表达艺术家的审美感受、审美情感、审美理想的艺术。在原始社会末期，居住在黄河和长江流域的原始人，就已经开始制作泥塑和陶塑了。

陶然亭景区的澄光亭

在陶然亭西南山下建澄光亭，亭北山下为常青轩。于陶然亭望湖观山，最为相宜。

陶然亭周围，还有许多著名的历史胜迹。西北有龙树寺，寺内有蒹葭簃、天倪阁、看山楼和抱冰堂等建筑，名流常于此游憩。

东南有黑龙潭、龙王亭、哪吒庙、刺梅园、祖园，西南有风氏园，正北有窑台，东北有香冢、鹦鹉冢等。

阅读链接

在陶然亭的四周，还有仿建的我国各地的名亭，它们都位于陶然公园中的华夏名亭园。

在1985年修建的华夏名亭园是陶然亭公园的“园中之园”，这是精选国内名亭仿建而成。

其中有湖南省汨罗纪念战国时期楚国伟大诗人屈原的独醒亭；有浙江省绍兴纪念晋代大书法家王羲之的兰亭和鹅池碑亭；有四川省成都纪念唐代诗人杜甫的少陵草堂碑亭；有江苏省无锡纪念唐代文学家陆羽的二泉亭；有江西省九江纪念唐代诗人白居易的浸月亭，还有安徽省滁县纪念北宋文学家欧阳修的醉翁亭。

陶然亭中的名人轶事

陶然亭建成后，江藻常邀请一些文人墨客、同僚好友到陶然亭上饮宴、赋诗，这里变成了文人墨客“红尘中清净世界”，故陶然亭是文人雅集的地方，因此留下的诗文很多。

其中清代礼部主事龚自珍在陶然亭上留下过很多诗文。文昌阁位于陶然亭不远处，文昌帝是主管教育和考试的神仙，因此成了清代学子聚集之处。

在清代，每3年举行一次由皇帝主持的科举考试，全国的举子云集京城，大多住在南城一带的会馆中，有人在考试前来这里祷告上苍，向文昌帝顶礼膜拜，以求成全他们获取功名的愿望，考试后，还要来这里聚会。

陶然亭内一角

考上了，开怀畅饮，

■陶然亭

以示庆贺；没考上的，内心郁闷，也不免在陶然亭上追悔叹息。

据说，清代杰出的政治家、思想家龚自珍在27岁时，进京赶考，殿试落第，于仲秋的暮霭中登上陶然亭。他凭栏远眺昏暗落日笼罩的京城，耳听四面荒野中过往行人的匆匆脚步，内心的压抑和苍茫的景色令他百感交集，遂挥笔赋诗于陶然亭壁上，诗写道：

楼阁参差未上灯，菰芦深处有人行。
凭君且莫登高望，忽忽中原暮霭生。

这首诗也表现出当时龚自珍失落的心情。

在陶然亭还有一副绝对，受到诸多文人墨客的赞叹，是清代政治家张之洞在陶然亭与朋友聚会的时候，无意中写出的对联，写道：

龚自珍（1792～1841），清代思想家、文学家及改良主义的先驱者。曾任内阁中书、宗人府主事和礼部主事等官职。48岁辞官南归，次年暴卒于江苏丹阳云阳书院。他的诗文主张“更法”“改图”，洋溢着爱国热情，被柳亚子誉为“三百年来第一流”。著有《定庵文集》、著名诗作《己亥杂诗》共315首。

陶然亭，

张之洞。

当时张之洞做京官，有一次，他在陶然亭请几位朋友吃饭。席间，张之洞忽然问道："陶然亭3个字，该用什么来对？"

过了一会儿，就见客人们交头接耳，在下边偷偷地笑，还不断地往他脸上看。

张之洞感到莫名其妙，又问道："诸位到底对的是什么？"

其中有一位站起来说道："恐怕只有您的大名才对得好。"

张之洞听了，也大笑起来。原来这是一副无情对，"陶然亭"对"张之洞"。

张之洞（1837～1909），号香涛、香岩，又号壹公、无竞居士，晚年自号抱冰。清代洋务派代表人物之一，其提出的"中学为体，西学为用"，是对洋务派和早期改良派基本纲领的一个总结和概括。张之洞与曾国藩、李鸿章、左宗棠并称晚清"四大名臣"。

陶然亭内的"独醒亭"

■ 陶然亭内的“谪仙亭”

东晋 朝代名，是由西晋皇室后裔司马睿在南方建立起来的朝廷。当时因少数民族内迁，建都洛阳的西晋灭亡，琅琊王司马睿在建康即位，即晋元帝，史称“东晋”。东晋与北方的五胡十六国并存，这一历史时期又称“东晋十六国”。

从字面上讲，陶、张为姓，然、之为虚词，亭、洞为景物名词，对得极为工整。而意义上一为地名，一为人名，上下联之间是“无情”，即无关联的。

这个对联便在陶然亭广为流传，为陶然亭增色不少。在清代，来到陶然亭游历的还有民族英雄林则徐，他在陶然亭写下了一副非常有名的对联：

似闻陶令开三径，
来与弥陀共一龛。

此联为流水对上下文意一贯。

上联：“陶令”，东晋时期诗人陶渊明，曾任彭泽县令。“三径”，陶渊明《归去来辞》中有“三径就荒，松菊犹存”句，这里指隐居。

下联：“弥陀”，梵语“阿弥陀佛”的简称，此处泛指佛像。“龛”，供奉神像的石室或柜子，这里指佛门。

联语用陶令之典兼指陶然亭之陶，并以陶渊明淡泊的田园生活，来形容陶然亭的幽静，表示其心与古人相通，表现了作者对隐居生活的向往。联语也可看作是作者心声的流露。

并且，清代著名的大学士翁方纲也曾来到陶然亭并题写了对联：

大学士 我国古代官职。唐代曾置昭文馆、集贤殿和崇贤馆大学士，后皆由宰相兼领。宋代初期，沿唐代体制，宰相分兼昭文馆、集贤殿大学士，其后又置观文殿、贤政殿大学士。明代废止宰相设置内阁制，内中官员皆称“大学士”。明清时期又称为“中堂”。

烟笼古寺无人到，
树倚深堂有月来。

联语描绘寺之“静”。烟笼，指烟雾笼罩。上联写白天的清静，古寺被烟雾笼罩，无人到此；下联叙述夜晚的安谧，深堂处于树林之中，只有明月照映进来。

以“无人”与“有月”的对比描写，显现了庵堂幽深绝世的风貌，蕴含着超凡脱俗的韵味。

作者是当时的达官显宦，过惯了锦衣玉食的生活，但对世俗的尘嚣，也感腻味，发现城内竟有这“无人”“有月”的古寺，真像进入世外桃源。联语表达了作者向往隐居生

谪仙亭雪景

户部 古代官署名，为掌管户籍财经的机关，六部之一，长官为户部尚书，曾称“地官”“大司徒”“计相”“大司农”等。户部起源于秦，《周庄》记载此职为“地官大司徒”，唐代初期称“度支”“左民”“右民”等，后因避讳太宗皇帝李世民名讳改称“户部”。主管田赋、关税、厘金、公债、货币及银行等。

活的心情。还有清末大学士江峰青也曾在陶然亭留下佳作，写道：

果然城市有山林，除却故乡无此好，
难得酒杯浇块垒，酿成危局待谁支。

此联看似随意写来，却是匠心独运，诚属陶然亭对联中之佳作。上联快人快语，概述了陶然亭幽深的园林特色，点明其在都市中的脱俗之处。

“果然”两字，语气十分肯定，说明此亭久负盛名，名副其实。作者为安徽婺源人，故乡即指此。

下联写人，也即作者在亭中的活动。把酒赏景，本为悦心惬意之美事，但作者却在用酒浇愁。

“块垒”，喻胸中郁结不平之气。“难得”，说明作者公务之繁冗。结句表面写酒后的醉态，其实一语双关，寓意明显。

“危局”，酒醉不能自持之貌，故要人扶持。

陶然亭公园内的兰亭后堂

陶然亭公园内的醉翁亭

“支”，犹扶持。此联也表现了作者想报效国家、有所作为的一片苦心。

另外，清末文学家秋瑾在前往日本留学前，曾在陶然亭与家人话别。

1902年，秋瑾之夫王廷钧赴京就任户部主事，秋瑾随夫而行。王廷钧的近邻为户部郎中廉泉宅。廉泉宅思想维新，在京开设文明书局，并与日本人合办东文学社，颇有影响。

廉泉宅妻吴芝瑛系桐城派文学大家吴汝纶侄女，工诗文，善书法。秋瑾与吴芝瑛一见如故，结为义姐妹。秋瑾在吴家阅读了许多新学书刊，吴芝瑛还引荐秋瑾参加“上层妇女谈话会”，使性格伉爽若须眉的秋瑾眼界大开，胆识俱增。

后来，吴芝瑛又积极赞助秋瑾前往日本留学。离国之日，吴芝瑛邀约众女友在陶然亭为秋瑾饯行。席

秋瑾（1875～1907），原名秋闺瑾，字璿卿，号旦吾，乳名玉姑，东渡后改名瑾，字竞雄，自称“鉴湖女侠”，笔名秋千，曾用笔名白萍。清代末期女思想家，提倡男女平等，常以花木兰、秦良玉自喻，性豪侠，习文练武。

陶然亭里的百坡亭

间，吴芝瑛挥毫作联，写道：

驹隙光阴，聚无一载，

风流云散，天各一方。

这副联不但表现出了众人的离愁别绪，也为陶然亭增添了一抹淡淡的忧伤，使得这个古代名亭更加具有韵味了。

阅读链接

在陶然亭公园中，还有一个辽代经幢，名为“故慈智大德佛顶尊胜大悲陀罗尼幢”。

辽代经幢建于1099年,位于陶然亭公园慈悲庵内文昌阁前，是为了纪念慈智和尚而建的，幢身上刻的是慈智和尚的生平事迹。慈智和尚姓魏名震，在辽道宗耶律宏基年间进宫讲过法，并赐予“紫衣慈智”的称号。

1964年，当代著名历史学家郭沫若来到陶然亭时说：“辽幢很有历史价值，它是测定金中都城址位置的重要坐标，同时还是北京历史上的一处重要水准点。”